AF444770

DEL
ARDIENTE
FUEGO

AL
PARAISO

WILLIAM LICEA

Del Ardiente Fuego Al Paraiso
©2023 WILLIAM LICEA

SYG PUBLISHING
Congers, New York

Todos los derechos están reservados exclusivamente por el autor. El autor garantiza que todos los contenidos son originales y no infringen los derechos legales de ninguna otra persona o trabajo. Ninguna parte de este libro puede reproducirse, almacenarse en un sistema de recuperación o transmitirse de ninguna forma o por ningún medio sin el permiso expresado o por escrito del autor.

LCCN: 2022918934

ISBN-13: 979-8-987-1234-3-0 paperback
979-8-987-1234-4-7 hardcover
979-8-987-1234-5-4 ebook

TABLA DE CONTENIDO

DEDICACIONES

PRIMERO QUE TODO quiero agradecerle a Dios, aun cuando estaba haciendo el mal, podía sentir tu presencia.

A mi madre y padre, Miriam y Eleugérico Licea quienes están desde el cielo cuidando de mí. ¡Brillo por ustedes!

A mi esposa e hija Aracelis y Ocean Licea. Gracias por siempre motivarme a perseguir mis sueños. Las amo.

A mis hermanas Glenda y Gretel, las amo. Gracias por ayudar a criarme. Ustedes fueron mi motivación.

A mis sobrinas, sobrinos y a mis cuñados. Los amo a todos.

A mi sobrino Glen, su esposa Jen y su hija Mía. Glen, gracias por verdaderamente escuchar a lo que tengo que decir. A través de ti conecté con Peter y este libro es una realidad. También gracias por sostenerme mientras estaba en prisión todos esos años y cuando necesité una mano ayuda.

A los padres de mi esposa: Juana Laureano (DEP) aun sentimos su pérdida y serás muy extrañada. José Luis, gracias por estar ahí para nosotros. Te amamos.

A los hermanos de mi esposa Janet, Juan, Irving, Nilsa, Brenda, Elaine, gracias por aceptarme en la familia. Jeffrey, estamos orgullosos de ti por servir a nuestro país a través de la Marina. Te admiramos.

G, Danny y Garry (DEP). Gracias por hacer la conexión y ayudarme a conseguir mi primer trabajo.

Mike Falco, Presidente de Defalco Construction: sin tu guianza, tutela y el interés especial que pusiste en mí, nada de esto hubiese sido posible. Desde el día uno he seguido tu liderazgo y ahora tengo cientos de hombres que siguen el mío y por eso estaré eternamente agradecido.

A todo el personal de Defalco, la oficina y el equipo de obra. Avi, Joe, Modesto, Davie, Jairo, Juan y Mark (DBest). Gracias.

A todas mis amistades dentro y fuera de la prisión, a todos los que han permanecido en el camino, mis respetos, Ed (Madball), Wolfie, te vemos! Sé que no es un camino fácil. A todos los amigos que no pudieron permanecer en el camino, siempre estaré orando por ustedes. A todos los que permanecen luchando por la libertad, mi corazón está con cada uno.

Peter López y todo el equipo editorial.

Sasha, espero tener más aventuras contigo. Gracias.

Willy Falcon: Aprendí mucho de ti y estuve tomando notas por cinco años. Gracias por ayudarme y a los míos cuando más lo necesitábamos.

INTRODUCCIÓN

LAS ESTADÍSTICAS TE lo pondrán de la siguiente manera.

Si logras salir de prisión hay un setenta por ciento de probabilidad que terminarás nuevamente en el patio dentro de los primeros cinco años.

Eso es tres de cada cuatro. En otras palabras las probabilidades están en tu contra. Muy en contra. Puedo mencionarte a unos cuantos que no hubiesen sobrevivido con su aparente libertad.

Pero, existen diferentes tipos de liberta, ¿correcto? Diferentes tipo de entornos. Las calles de donde provengo nunca fueron fáciles de sobrevivir.

Estamos hablando de los años 80's en el sur del Bronx. Gangas, armas, drogas y violencia. Esas eran mis calles, las que eventualmente me llevaría a prisión por más de dos décadas, quemando los años prima de mi vida.

Pude finalmente salir a los treinta y ocho años con pocas destrezas de vida que me pudiesen ayudar como un hombre libre. Te lo voy a indicar de la siguiente manera: la última vez que estuve en la escuela fue en el octavo grado, ya que opté por otro tipo de educación, si se le puede llamar así.

Opté por la educación de la calle. Comenzó por crímenes pequeños y continuó escalando a partir de ahí. Tal vez pudieses decir que la primera vez que lancé un ladrillo por la ventana de un automóvil y lo exploté mi certificado de graduación, mi primera sentencia juvenil, el equivalente de mis grados universitarios.

Como grado universitario recibí una sentencia de nueve años con el estado y mi grado doctoral que tanto trabajé fueron los diez años con los Federales.

Esa es la vida que viví y a la que le dediqué todo lo que tenía. Le di con todo desde muy temprano. Estamos hablando a partir de los doce o trece años. Era solo un niño.

Yo conocía las calles como un criminal, como un delincuente y fui criado en las cárceles. Esa era mi vida y lo único que conocía.

Luego a los treinta y ocho años me pusieron en libertad sin destrezas, con pocas conexiones legítimas y mirando de afuera, pareciera con pocas esperanzas. Pero no me convertí en una estadística. A pesar de todo lo que estaba en mi contra: mi pasado, mi expediente, todas las cosas terribles que hice y las que me hicieron, las vencí todas. Permanecí fuera de la prisión.

No tan solo eso, en tan solo doce años desde mi salida, he levantado una vida y una familia que nunca pensé era posible.

Te comparto esto porque a pesar de todo lo que tenía en mi contra, encontré mi camino. La verdad es, que si fue posible para mí, lo creo posible para ti también. No importa lo que tengas que enfrentar, no importa lo que hayas hecho o quién eres hoy, siempre puedes cambiar las cosas. Mi vida es evidencia de eso.

Hay una razón por la cual muchos no lo logran, lo sé por experiencia, estuve allí. Como verás a través de mi historia, casi volví a caer en la trampa de caer nuevamente en la vida que estaba desesperado por dejar atrás. Con pocas destrezas para ofrecer a la sociedad, te escupen en las calles para que encuentres la manera de sobrevivirlas. Si esas calles son como las del sur del Bronx, no tienes que mirar muy lejos para ser tentado por tu pasado, incluyendo las personas que están allí.

Pero, tenía la voluntad. Y eso es lo más que se necesita. Se necesita la voluntad para permanecer fuera de la prisión y para buscar la manera de crear una mejor vida.

El detalles es el siguiente, yo no puedo darte esa voluntad. Tienes que encontrarla dentro de ti. Deseo que este libro y mi historia puedan ayudarte con eso. Como me decía a mí mismo durante mis momentos más difíciles, y que aún me sigo repitiendo, *date una oportunidad.*

No importa la situación, date una oportunidad.

Date una oportunidad.

Si lo repites lo suficiente, esa oportunidad que te has dado puede cambiar tu vida entera. Esa es la verdad, así me ayude Dios.

Yo me di la oportunidad, ahora es tu turno.

CAPÍTULO UNO

NO ME GRADUÉ de la escuela superior, al menos no en el sentido tradicional. No entrando a un edificio con otros chicos de mi edad, sentarme en un salón, abrir libros, escuchar una maestra hablando, hacer asignaciones y tareas, nunca fue mi manera de sobresalir.

Cuando pienso en la escuela superior, lo que vienen a mi mente son mis años de escuela superior donde en lugar de estar en un salón, estaba en las calles creando problemas o buscando la próxima oportunidad para hacerlo. Las personas hablan de los hábitos y como estos te forman en la persona que eres. Hábitos, las cosas que haces de manera repetida, día tras día.

Para cuando tenía dieciocho años, mientras compartía con mis amigos en la Avenida Unión, Julián llegó completamente cargado diciendo que había estado vigilando este niño cerca de la avenida Longwood y que aparentemente estaba moviendo un cargamento grande. Ya yo había estado dentro y fuera de varias prisiones, de los Centro de Detención Juvenil y me habían arrestado en múltiples ocasiones. Y todas por razones válidas. Puedo decir que mis hábitos diarios me llevaron ahí; a esas actividades de las cuales leerás mucho más a través de mi historia. Pero, antes de entrar en la acción de ese día en 1992 el cual me dejó encarcelado por muchos años, quiero que sepas algo muy importante. Ya no soy la persona de la cual vas a leer hoy. Se tardaría muchos años, pero ese niño cambiaría. Tenía que hacerlo ya que su destino no era pudrirse en una cárcel el resto de su vida. Su destino era cambiar las cosas, escribir este libro y dejarle saber a otros que pueden hacerlo también.

Pero, aun no le tocaba. La vida necesitaría tornarse un poco más difícil para que se cuestionara sus propias decisiones y enfrentar lo que había hecho. Hasta este punto estaba completamente envuelto en la calle.

Julián habló y de inmediato estábamos en ruta. No se necesitaba mucho, pero la posibilidad de acabar con un manejador de drogas me activaba.

Pedro, otro muchacho de mi grupo, también vino. Mientras cruzamos la calle 156, Julián explicó que ya había observado lo suficiente al manejador que podía predecir sus movimientos. El trabajaría su esquina y luego regresaba al edificio donde vivía.

Caminamos por la Avenida Longwood hasta que lo vimos trabajando. Parecía estar en sus tempranos veinte años, un muchacho de tez clara e hispano como yo. Permanecimos lo suficientemente ocultos en la esquina del parque para poder ver los intercambios de mercancía. Nada nuevo en este vecindario. Manejadores y usuarios era un escena común.

Teníamos paciencia al esperar. Eventualmente tenía que salir a reportarse y esa sería nuestra oportunidad. Nos pasó por el lado sin realmente fijarse en nosotros.

Lo perseguimos al frente de su edificio y a la cancha. El muchacho abrió el portón para entrar y nosotros nos metimos junto con él al pasillo. Para cuando se percató que tenía compañía, ya tenía tres armas apuntándole.

Ya éramos expertos y sabíamos qué decir y qué hacer. *"Abre la puerta, sabemos lo que tienes."* Como de costumbre, trató de negarlo y de hacerse el inocente. *"No tengo nada."* Podía ver que estaba asustado y estaba intentando hacer lo posible para disimularlo hasta que... *"O abres la puerta, o te mato,"* exclamé.

"Está bien, pero no me mates. No me mates." De repente estaba desesperado y en ese momento supe que podíamos timarlo por todo lo que tenía.

"Pues abre la maldita puerta." Así que lo hizo. Nos metimos y verificamos el lugar completo. Al final de la noche terminamos con dos mil dólares en efectivo, cinco mil dólares en drogas y algunas prendas.

"Si tienes problemas, ya nos conoces y sabes dónde estamos," le dije mientras salíamos del apartamento. Sí que era un arrogante.

Tan pronto estábamos de regreso en nuestro vecindario, escondimos las armas y las drogas. En cuanto a las prendas, ya las llevábamos puestas. Ese tipo de cosas, en especial las cadenas, eran un tipo de símbolo para mostrar tu hombría. Creo que cuando no tienes mucho más, sientes que tienes que demostrarle al mundo tu valor y esa era mi manera de hacerlo.

No habían pasado ni treinta minutos de nuestra celebración, cuando de repente llegó la policía con toda su fuerza y nos rodearon.

"No se muevan, manos arriba." Ya conocíamos esta rutina también. En las calles, el poder se vira de manera inmediata. Ahora estábamos nosotros al otro lado del arma de alguien.

"*Este hombre alega que ustedes tienen sus prendas,*" dice uno de los policías. Él era uno de los guardias que se paseaban en el vecindario. De hecho, habíamos tenido incidentes con todos estos guardias anteriormente.

Pude ver la rata. Estaba sentado muy cómodo en la parte de atrás de una de las patrullas. Me imagino que estaba disfrutando lo que estaba viendo.

"*No sé de qué está hablando,*" le dije. Nos voltearon en contra la pared. Nos leyeron nuestros derechos y nos registraron. Encontraron efectivo y prendas.

Rápido pensé en una defensa y les dije: "*el nos empeñó estas cosas, está mintiéndoles. Solamente los quiere de vuelta.*" Pero luego encontraron una de nuestras armas que estaba escondida en uno de los árboles. Eso definitivamente no jugaba a nuestro favor.

Les expliqué que ese dinero era nuestro también. A pesar de todos mis intentos para sacarnos de esta situación, terminaron llevándonos al cuartel de la 41 y arrestados. Vamos a decir que esta no era mi primera detención, pero sí fue la primera vez que me enviaban a una prisión de adultos: el Bronx House Detention Center. En la esquina de la 161 y el lugar era muy viejo. Parecía una casa embrujada. Fui ingresado con Pedro en una habitación junto con cincuenta o sesenta otros hombres. En un punto Pedro se vira para donde mí y me hace una pregunta que definiría todos esos años que yo pasaría en prisión.

"En este lugar eres lobo u oveja. ¿Cuál vas a ser Will?"

Es el tipo de pregunta que te contestas a ti primero. Pero después tus acciones demuestran todo lo que te has dicho a ti mismo. Y, en este tipo de ambiente hay muy poco espacio para matices sociales del mundo exterior. Esto se hizo claro a partir del segundo día en la casa del Bronx.

Pedro y yo estábamos allí esperando para usar el teléfono. Imagínate que solo había un solo teléfono para cincuenta hombres. Tal y como dictaba la ley, teníamos derecho a una llamada de seis minutos diarias. Pero esa es la ley en papel, dentro de la prisión, es la ley de la jungla.

En teoría la oficina de corrección se supone que haga el manejo de las llamadas, asegurando el tiempo de cada prisionero. Pero en realidad no funciona así. Ellos permiten que los mismos reclutas lo supervisen. Así que cuando llegó nuestro turno, el tipo nos dice que son seis minutos cada uno.

Pedro siendo Pedro, dijo que él no se sometía a eso de los seis minutos. Así que el tipo pregunta que cuánto tiempo nos tomaría. Una pregunta muy razonable.

"*Cuando terminemos y punto,*" gritó Pedro, mostrando arrogancia con toda su actitud.

Así que cuando Pedro terminó me pasó el teléfono. Hasta el momento no hubo situaciones. Fue cuando finalicé mi llamada y le di el teléfono a Pedro que al devolverlo, el tipo se lanzó sobre Pedro. Con todo y teléfono en mano, Pedro le dio un golpe en la cara.

Ahora la adrenalina estaba corriendo. Estábamos creando una película y nosotros éramos los protagonistas. Y ese rol protagónico era para demostrar que elegimos ser lobos. En la cima de la cadena de comida.

Esto no quiere decir que estoy orgulloso de quiénes éramos o lo que hicimos. Mi punto no es para glorificar mi vida en la calle o mi vida de prisión. En realidad es lo contrario. Al día de hoy aun me duele ver el tipo de persona que era para ese momento. Yo decepcioné a muchas personas incluyendo mi madre, mi padre y a mi mismo. Pero para ese tiempo estaba envuelto en la vida callejera, lo cual requería adueñarte de tu propia sobrevivencia. Simplemente era así. Especialmente dentro de las paredes de la prisión.

De la casa Bronx, fui enviado a Riker's Island. Riker no es una sola prisión como muchas personas piensan que se ve desde afuera, sino más bien una red de complejos de prisiones localizada en una pequeña isla en East River entre las cuidades de Queen y Bronx del estado de Nueva York. Solamente tiene un puente que lo conecta a la cuidad principal, al pueblo de Astoria Heights en Queens.

Pasé casi un año en el edificio que se llamaba Beacon. Este era uno de los edificios más nuevos y que tenía aire acondicionado, algo que más tarde entendería que era un lujo. Pasábamos la mayor parte del tiempo en nuestras celdas y nos daban permiso para ver televisión en un área común para todos. De ahí me movieron a otro edificio que se llamaba *House Detention* para hombres, en un edificio más viejo. Era de tres pisos y tenía cuarenta celdas por piso, el tipo de plano donde podías ver todo desde el primer piso como en las películas. Unos años antes de llegar a este edificio, un reo fue apuñalado en el tercer piso y luego lanzado desde allí a su muerte. Desde ese entonces cerraron el tercer piso por temor a que se repitiera.

Este definitivamente no era la prisión del Beacon. Recuerdo haber ingresado el verano del 1993. Estaba muy caliente, no había aire acondicionado. Nuevamente la vida se determinaba en la lucha de poder y jugándotelas todas en los teléfonos.

En el edificio HDM habían cuatro teléfonos, dos para los morenos y dos para los Latinos. Lo ideal era alcanzar el teléfono y mantenerlo en la hora pico. Aunque era el trabajo del oficial correccional administrar los tiempos, la realidad es que lo único que hacían era el conteo de los prisioneros para asegurar que estuvieran todos. Fuera de eso, eran los mismos prisioneros quienes establecían las reglas. Eso significaba que teníamos que defendernos nosotros mismos. Lo que terminaba pasando era que la prisión se dividía en dos grupos raciales principales: los morenos y los Latinos. Así como se daba en la calle, gangas poderosas se desarrollaban y los dos rivales más fuertes era los *Latin Lions* (Leones latinos) y el *Brotherhood* (la hermandad). En esos tiempos los Leones Latinos y toda la raza Latina controlaban las prisiones de Nueva York, tanto dentro como fuera de la prisión, pero la hermandad estaba creciendo y querían demostrar que eran igual de fuertes, atrevidos y no tenían miedo.

Otro punto que se destacó en mis primeros días en HDM para mí, era la relación de los guardia de corrección y los prisioneros. A veces no sabía quién era peor. Como una vez que vi a un reo inhalando cocaína encima de una revista. El tipo me ofreció, pero cuando vi al oficial le dije: "mano, guarda eso. Guárdalo!"

"Qué te pasa?" me decía él muy calmado. El oficial se percató y dijo: *"en las calles no te asustaba la ley pero aquí dentro sí."* A él no le importaba lo que nosotros hacíamos. Ahí fue que pude comprender que las prisiones eran igual

de fuerte que la calle. Recuerda, todavía no me habían sentenciado formalmente de un crimen. En cuanto a la ley, aún era inocente. Tuve que pasar dos años en ese infierno, antes de poder ir al tribunal a ver mi caso.

CAPÍTULO DOS

PARA CUANDO MIS problemas se acercaron, ya había hecho mi cama. En cuanto a la jerarquía entre los reos, ya era conocido y respetado. Hacía lo posible para mantener la paz. Incluso, fui capaz de mantener una harmonía en los teléfonos, lo cual es algo grande una vez estás adentro.

Esto va a sonar extraño considerando mi trasfondo, pero nunca me gustaba buscar problemas con nadie. Cada vez que surgía la oportunidad, hacía lo posible para evitar conflictos. Sabía cómo hablar, negociar, trabajar el sistema y a aquellos que tienen poder e influencia. Eso era exactamente lo que creé para mi dentro de HDM. Cuando necesitas hacer lo necesario para sobrevivir, aprendes a usar más que tus puños y cuchillos. Pero no todo el mundo piensa así, ni tan siquiera tus aliados. Ejemplo de esto es mi amigo Little D.

Un día llegó y arruinó todo el trabajo que había hecho para mantener la harmonía al comenzar una pelea con un tipo de la Hermandad, por... sí, los teléfonos. Una de las reglas no escritas dentro de la prisión es que cuando uno de los tuyos se mete en una pelea, tienes la obligación de defenderlo, así que en cuestión de segundos estaba al lado de Little D en tremendo motín. Esto hizo que llamaran la unidad de emergencia anti-motín y de inmediato nos tiraron contra el piso frio y nos esposaron. Le llamábamos a estos hombre las tortugas ninja porque entraban como las del personaje con rodilleras, cascos, escudos y gafas de protección. Sus armas incluyen gas lacrimógeno, espray de pimienta y bastones para poder mantener todo bajo control desde un reo rebelde a un gran motín. Una vez llegan, todo cae en orden de inmediato.

El resultado final: me enviaron a la caja, lo cual significaba que comenzaría mi caso cumpliendo una sentencia de 120 días en confinamiento solitario.

De camino a mi caso, mi abogado me sugiero entrar en negociaciones para declararme culpable o testificar en contra de mis compañeros Pedro y Julián. A ambas cosas le indiqué absolutamente que no. Primero que todo, nunca expondría a un amigo, punto. Ese es uno de los códigos principales de la calle. Estaba incluido en nuestra versión de los Diez Mandamientos.

Mandamiento #1 – Nunca expongas a un amigo. En nuestro mundo hay un lugar especial para las ratas. Hasta su nombre lo refleja. Rata, un roedor, parásito, sucio y criatura despreciable.

Hay mucho más que decir con relación a las ratas durante mi tiempo en Rikers, pero de la especie animal. Cuando llegó el día de mi caso me transportaron desde la prisión hasta la Corte Suprema de Bronx. En ocasiones estaba fuera más de doce horas y solo me daban de comer un guineo con una pequeña cajita de cereal en la mañana y un emparedado de jamón para almuerzo. Una vez regresaba a mi celda, estaba muerto del hambre y mi bandeja de comida ya estaba esperando por mí. El problema de esto era que en las ocasiones que me tardaba en llegar, las cucarachas y las ratas entraban en ella primero. Por más asqueroso que suene, a veces no me importaba que ella la hayan alcanzado primero, aun así me lo comía.

En cuanto a entrar en una negociación para declararme culpable, honestamente no pensaba que mi caso se fuera a juicio dado que la persona a la que fuimos acusado de robarle era un manejador de drogas. Así que me sorprendió mucho cuando tomó el estrado de los testigos para testificar en contra de nosotros. No tan solo se subió a testificar en contra nuestra, sino que también testificó su novia a la cual nunca recuerdo haber estado en el apartamento ese día. Pero cuando te toca, te toca. El juicio duró dos semanas. Nos encontraron culpable de todos los cargos. Me dieron una sentencia entre nueve y dieciocho años, siendo mayor y teniendo antecedentes penales lo sentenciaron entre quince años a vida. En cuanto a Julián, quien fue el que creó el plan, su caso fue suspendido porque la víctima no lo pudo identificar. ¿Irónico verdad? Seguramente no es un ejemplo de justicia. Cuando el juez me preguntó si tenía algunas palabras finales con respecto a mi caso, le dije que a pesar del veredicto y de la sentencia, mantenía mi inocencia.

Una vez finalizó el juicio, nos dieron un momento en privado a Pedro y a mí en el lugar donde estaban las celdas y a ambos se nos salieron las lágrimas. Después de todo, no estábamos hablando de sentencia de uno o dos años. Nos preparábamos para una sentencia larga y todas las consecuencias que venían con ella. Este era lo que nos tocaba vivir y estábamos comprometidos a sobrepasarlo y nos juramos mantenernos fuertes y real.

El 1ro de junio del 1994, a la edad de veinte años, me enviaron al Downstate Correctional Facility, una prisión de máxima seguridad al norte de la cuidad entre Nueva York y Albany, justo al oeste del Rio Hudson para comenzar mi tiempo para el estado. Una vez me recibieron, llegó el momento de recibir mi programa, las cosas se tornaron muy real, muy rápido. Hasta este momento, solamente había estado en Rikers por un periodo de dos años mientras espera mi juicio. Todavía me asombra que la mayoría de los reos que estaban allí conmigo estaban esperando sus juicios, lo que significaba que no los habían sentenciado con un crimen y dos años era mucho tiempo para estar en el limbo. Pero todo eso se había acabado ya.

Me pasaron por el umbral. Fue un momento irreal. Atravesé por una puerta y el sonido del echo que produjo su cierre fue fuerte. Ahora estaba frente a un Oficial Correccional, nada como había visto en Rikers. Me dijo que me quitara la ropa. Comencé el proceso lo cual hizo el momento irreal más intenso. Desnudarme en un lugar público era una cosa, por ejemplo en un gimnasio o piscina. En esos lugares aunque existan otras personas alrededor de ti, pero no estarán necesariamente enfocados en ti. Ahora, sustituye a todas esas personas por una sola. La cara más intimidante y hostil que puedas encontrar. Piensa que ahora te está observando mientras te vas desnudando y a la vez te va dictando las reglas de este nuevo imperio al que acabas de entrar. Y luego viene la peor parte, una vez estaba completamente desnudo me dice que me de vuelta y, tal y lo que piensas, que abriera mis cachetes, y no los de la cara.

"Este es un mundo completamente diferente," comenzó a decir el hombre. *"Ya no estarás relacionándote con tus amiguitos correccionales como en Rikers, Nueva York. Esta tierra aquí es tierra de Dios. Si sigues las reglas, estarás bien. Por el contrario, sentirás toda la ira de Dios venir sobre ti... me entiendes?"*

Lo próximo que tienes que hacer es darte un baño y luego te rosean con desinfectante como si fueras un insecto, una cucaracha, lo cual probablemente era para ellos. Me entregaron un uniforme verde y luego llegó la parte final. Lo que faltaba para minimizar mi identidad, me sentaron en una silla y me afeitaron mi cabeza completamente. Como en la milicia.

Una vez me puse el uniforme, me di cuenta de un número que estaba cosido en el bolsillo de la camisa. Un número que nunca olvidaría: 94A3818.

Así es, fui de ser Will el Cubano, el perro salvaje que controlaba las calles, nuestra ganga, una de las más temidas en el sur del Bronx, el gangster número uno y ahora era solo un número. No me sentía mal conmigo mismo, nunca me tenía pena. Jugar a la víctima nunca estuvo en mi DNA. Esta actitud me ayudaría a sobrevivir en prisión y en especial más tarde cuando necesitaría cada onza de valentía y de carácter para poder salir de la vida que tanto había invertido por tantos años. Como me dijo un señor mayor en la prisión: *"busca la definición de simpatía en el diccionario, la vas a encontrar entre la mierda y el suicidio."*

Claro, en el momento me dolieron sus palabras. Fue el testimonio de un manejador de drogas que finalmente cerró el trato para mí, pero siempre acepté mi parte en la ecuación. Realmente le saqué una pistola al individuo y le apunté a la cara mientras le robaba. Independientemente de quién era este individuo y de que éramos del mismo ambiente, la policía hacía arreglos con él a causas de individuos como yo.

La policía necesita la cooperación de diferentes personas, aunque provenga de personas que no son angelitos y que lo más probable lo arrestarán más adelante. Como un todo, acepté mi sentencia y tratamiento porque sabía que era el resultado de las acciones que había tomado en mi vida. Puro y simple.

Yo era el arquitecto y las prisiones donde terminé, fueron levantadas de alguna manera ladrillo a ladrillo por mis manos. Nunca hubo pregunta de eso.

CAPÍTULO TRES

COMENCÉ A PELEAR desde temprano. Siendo el único cubano en el sur del Bronx entre los negros, puertorriqueños y dominicanos, lo cual me destacaba entre todos. Eso no quiere decir que no intentaba de encajar con los demás y disimular ser cualquier otra cosa manos quien realmente era. En otras palabras era cubana, orgulloso y no pedía perdón. Mis padres se aseguraron de eso. Desde temprana edad mi cultura fue sembrada en mí ya que mis padres eran cubanos y sentían mucho orgullo.

Mis padres ambos fueron nacidos y criados en Cuba. Mi padre Eleugerio Licea era un hombre intenso, serio, y era veinte años mayor que mi mamá. Ya era padre de siete hijos cuando conoció a mi mamá. Luego, tuvo dos hijas con mi mamá mientras todavía estaban en Cuba, Glenda y Gretel antes de tener que salir de la isla a causa de la revolución. Así como mucho de los que buscan refugio en los Estados Unidos, mi padre estaba a favor de Bautista, así que cuando Fidel Castro tomó el control, era el momento de salir huyendo lo más rápido posible. Cuando mi segunda hermana nació en el 1968, mi padre estaba en España donde pasó dos años antes de llegar a Nueva York, pero no fue hasta el 1971 que pudo traer a mi mamá y mi hermana de Cuba para estar reunidos. Para este tiempo mi papá estaba trabajando como portero en un edificio prestigioso en la cuidad de Manhattan. Cuando mi mamá llegó no perdió mucho tiempo en buscar un trabajo en el mismo edificio.

Mi llegada a este mundo fue dos años después en el 1973 en la cuidad de Harlem. Fui el único de la familia en nacer en territorio americano. Como mis padres trabajaban de noches ambos, en muchas ocasiones me dejaban a cargo de mi hermana Glenda quien era trece años mayor que yo. Con el pasar del tiempo, ella se convirtió en una madre para mí. Estaba tan apegado a ella que, en una ocasión mis padres la botaron de la casa y yo terminé yendo con ella a la casa de una amiga por una semana. Eso no explicaba el luchador dentro de mí lo cual duró unos cuantos años más. Tal vez eso le heredé de mi padre y se me pasó en la sangre. Él era un hombre fuerte, un exboxeador. Uno de sus trabajos en Cuba fue ser guardaespaldas. Puede ser que simplemente no provenga de mis genes y más con las decisiones que tomaba en aquellos momentos.

En cualquier caso, mi primera pelea fue en el tercer grado y ya para cuando estaba en sexto grado ya las peleas eran constantes. El residencial donde vivíamos eran dominado por personas negras, así que contra esos niños fue que inicié mi guerra. Luego me moví a pelear contra los puertorriqueños. Siendo el único Cubano tenía una herencia y una cultura que mantener y no aceptaba mierda de nadie y tampoco les tenía miedo.

Lo que todas esas peleas hicieron, como si fuera el destino, fue prepararme para la próxima etapa de mi evolución. Es como si estuviese siendo guiado en silencio y de manera invisible en una dirección, un iniciación o internado hacia una vida criminal. De la primera etapa pasé a la segunda. Poco a poco los riesgos eran mayores y caía en la trampa cada vez.

Tenía solo doce años cuando me hicieron el primer acercamiento para quemar un vehículo. La tares era fácil, lanzar un ladrillo por la ventana y luego quemarlo desde adentro. Pagaba $200.00. En este tiempo quemar los carros era muy común y se había vuelto popular para poder cobrar el dinero del seguro. De aquí es que nace el término en los seguros de la "era de incendiar".

Mis amigos y yo entramos rápido y fuerte al negocio. Ya estábamos ganando reputación. Lo extraño era, que no lo hacía por el dinero. A diferencia de mis amigos, mis padres tenían trabajos decentes y no me faltaban las cosas esenciales. Para mí era por pertenecer a algo, a un grupo. Era emocionante. Eventualmente caí en el radar de un guardia ya que estaba causando caos en la calle en lugar de estar en la escuela. Conocía al Oficial Vicks porque patrullaba mi vecindario y en una ocasión me capturó hurtando un vehículo. Cuando tienes esa edad te mantienen detenido en la estación hasta que tus padres llegan a recogerte, lo cual hizo mi mamá, y de inmediato ya estaba nuevamente en las calles haciéndome más experto en mi profesión de la calle. Hurtábamos los vehículos como si nada. Lo único que necesitaba era un destornillador y unos segundos. Entraba al vehículo, Inyectaba el destornillador en la ignición, prenderlo y salir con el auto. Comencé a llegar a la escuela en los mismo autos hurtados, lo cual era una tontería ya que eventualmente me detendrían otra vez. Tal vez ese era el punto. En mi mente adolescente, le estaba mostrando a todos hasta donde era capaz de llegar y que no me importaban las consecuencias. Y verdaderamente iban a haber consecuencias. Año tras año, se tornaban más severas, hasta que como leíste, me ingresaron a una celda del tamaño de un baño para tener que enfrentar las consecuencias de mis acciones. Pero, cuando niño, no podía ver eso aun, o tal vez no me importaba. Pero a mis padres sí. De hecho, ellos ya estaban tan cansados con la situación que prepararon un cambio de atmósfera; un cambio radical. Anunciaron que sería enviado a Las Vegas donde vivía mi tía, la hermana de mi papá, junto con cuatro de los hijos adultos de mi papá de sus matrimonios anteriores. Fui, pero no estaba en acuerdo con los arreglos.

Mi tía Hilda me buscó en el aeropuerto junto con dos de mis medio hermanos. Era la primera vez que conocía este lado de la familia, todos los que provinieron juntos desde Cuba en el 1980 durante el éxodo de El Mariel, cuando Fidel Castro entró en acuerdos con el gobierno Americano para que todos los que quisieran salir de Cuba pudieran hacerlo. Muchos de estos cubanos llegaron a la Florida en botes llenos de personas, entre ellos mi tía y mis medios hermanos.

Estaba muy impresionado con mi nuevo ambiente. La tía Hilda vivía en un hermoso condominio con ventanas grandes en cristal, el tipo de lujo de la que no estaba acostumbrado a ver viniendo del residencial en el Bronx.

Tenía mi propia habitación. El plan era permanecer de manera indefinida en Las Vegas y aprovechar el verano para encontrar una escuela y hacer la matrícula para el mes de agosto. Mi tía lo tomó como su responsabilidad encontrar una escuela y fuimos a visitar par de ellas. Mientras tanto, estaba pasando más tiempo con mi medio hermano Federico. Los dos nos entendimos. Pasaba más tiempo en su casa que en la casa de mi tía. Llegó el momento que ya ni llegaba a la casa de mi tía. Hasta me llevó a un viaje de camping con su novia y su hija que era de mi edad. Estar allá en el campo junto al lago, se sentía hermoso. Estaba muy lejos de la jungla de concreto de mi vecindario.

Federico tenía una motora pequeña la cual me dejaba sacar a dar una vuelta por la cuidad. El llenaba mis bolsillos con dinero para cubrir mis gastos. Un par de cien dólares aquí, otros cien allá. Y no olvidemos la hija de su novia con la que comencé a relacionarme. Había un muchacho de nuestra edad que vivía en el mismo vecindario. Un muchacho Americano llamado Steve y se convirtió en parte de nuestro grupo. Salíamos por la cuidad, tomábamos cervezas, y visitábamos los casino llegando a la una o dos de la mañana. Dentro de todo, Vegas se estaba convirtiendo en unas vacaciones.

Mientras estaba con Fede mi otro hermano José venía a la casa y notaba que entre ellos se daban muchas conversaciones en español, que nunca ha sido mi idioma principal, e intercambio de muchos paquetes. En ese momento comencé a tener mis sospechas. Una noche me dejaron solo y decidí hacer una investigación. Había una habitación al otro lado del apartamento que me habían dicho que era privado, una habitación para los "santos" al cual no podía entrar. Esto, a la edad de trece años me despertó aún más la curiosidad. Así que una vez me quedé solo, fui allá y la abrí.

Lo primero que noté fue fueron los íconos católicos en las paredes del cuarto obscuro que le daban una atmósfera de paz y serenidad. Ahí estaba Santa Barbara con su corona y su traje rojo, San Lorenzo vestido con trapos junto con su perro y bastón, y la Virgen de Caridad sosteniendo el bebé Jesús y dos ángeles en cada lado.

Mientras mis ojos escaneaban el resto de la habitación, me percaté de unos paquetes acomodados en la esquina. Mis sospechas fueron confirmadas: cocaína y marijuana y en cantidades grandes. Incluso, había una montaña de cocaína en un plato justo al lado. Inspirado por lo que había visto en *Scarface*, corrí allá para ingerir un poco por la nariz. Cuando a eso le añadí alcohol y pasto, las cosas se complicaron. Estaba tomando una nota muy fuerte.

Estaba tan desesperado por consumir todo lo que veía a la misma vez, que terminé desmayándome. Fue Fede el que me despertó horas después. Estaba molesto, pero no tenía coraje. De ese momento en adelante mis hermanos no me ocultaron sus negocios y manejaban sus negocios frente a mí.

Lo que aprendí fue que esto no era una operación pequeña ni pasajera. No tan solo estaban envueltos todos en este negocio, pero resultó que mi tía era la que dirigía la operación. ¡Así es! Ella era la cabeza de una operación de drogas. Ahora todo hacía sentido, la ropa elegante, el apartamento de lujo, su Cadillac y el chofer que la llevaba a todos lados.

Eventualmente mis padres se enteraron de que ya no me estaba quedando con la tía Hilda y enviaron a mi hermana Glenda para verificar la situación. Ya ellos estaban preocupados por el historial de Fede, ya que había servido tiempo en Cuba antes de venir a Estados Unidos. De hecho, esto era un elemento de orgullo para Fidel Castro, decir que envió criminales a Estados Unidos como parte del trato de El Murial. Su felicidad era pasarle las personas problemáticas al gobierno Americano.

Glenda vino a Las Vegas con mi sobrino y su novio. Se enamoró de inmediato del estilo de vida allá, por lo que se casó y se quedó a vivir con nosotros.

Aun así mis padres no me iban a dejar en Vegas con este grupo, así que tomaron un avión, se quedaron una semana con nosotros y luego me llevaron con ellos de vuelta. Mi fiesta en Las Vegas llegó a su fin.

NEW YORK
GIANTS
ny

CAPÍTULO CUATRO

CUANDO REGRESÉ, VEGAS seguía dentro de mí, no había manera de remover todo lo que había visto y experimentado. El dinero, el glamur, el estilo de vida, todo se me había pegado, así que cuando regresé a Nueva York, inmediatamente salí a las calles con el deseo de ser el próximo Pablo Escobar. ¡Y solo tenía trece años! Esto era justo en medio de la epidemia de cocaína de Nueva York. La heroína también estaba rampante. Par de los que andaban en nuestro grupo comenzaron a probar pero yo no quería nada que ver con las pipas. Y era con buena razón porque cuando P.J. y Hector comenzaron a fumar esa porquería desaparecieron, en más de una manera.

Cocaína no era un juego y terminó aniquilando muchas vidas jóvenes.

Pero, la gente estaba haciendo mucho dinero. Habían muchos adolescentes en el barrio ganando riquezas. Lo podíamos ver. Jóvenes de quince y dieciséis años que llegaban en Lamborghini y Cadillac. Algunos tenían las tablillas retractables como se veían en las películas de James Bond. Hasta este día, cuando pienso en mi pasado, todo pareciera una película. Para ese tiempo usábamos mucho el término de "hacer la película" para describir nuestra escena y lo que hacíamos.

Manuel, mi mejor amigo en el grupo, fue quien hizo la primera conexión para poder entrar al negocio de la cocaína y la heroína. Encontró una muchacha que estaba dispuesta en ser la cara del producto. Nuestra parte era el treinta por ciento de cada cien dólares vendidos. Comenzamos con mercancía valorada en cinco mil dólares y la mercancía comenzó a moverse rápido. Dos días máximo. Nos dividíamos la ganancia en cuatro partes, alrededor de $800 cada uno. No estaba mal por el trabajo de dos días. La realidad es que no era trabajo fuerte. Lo único que hacíamos era quedarnos en la esquina bebiendo y fumando pasto mientras los clientes venían a nosotros. Luego, tomábamos el tren a la cuidad y lo gastábamos en ropa, joyería e ir a las películas.

Fue en uno de esos viajes a Manhattan, que nos bautizaron con nuestro nombre. Éramos como diez que estábamos en el tren cuando nos cruzamos con unos tipos de una organización llamada los 5 Porcentajes. Ellos eran una red grande compuesta principalmente por hombres negros que habían creado todo una mitología alrededor de su existencia. Soltaron sus nombres naturales y adoptaron apodos místicos como Justicia, Sinceridad e Infinidad. En otras palabras, les gustaban los nombres con significados simbólicos que fueran fáciles de entender. Como nuestro grupo estaba compuesto en su mayoría por Puertorriqueños, este tipo de emocionó y utilizó la P y luego la R y dijo: *"Hey, ustedes son los Power Rules"* que en español significa El Poder Domina. De ese día en adelante, así nos presentábamos ante el mundo y aceleró aún más nuestra misión en la calle.

El negocio creció. Nos expandimos para otras esquinas y creamos una reputación. Manuel hizo más conexiones y nos consiguió peso adicional para poder movernos. Nos estábamos divirtiendo y haciendo dinero. El producto no necesitaba promoción más allá de repartir algunas muestras y pidiéndoles a la gente que regara la palabra. Después de eso, los adictos fluían a nosotros como el agua de una fuente. Era dinero fácil. Junto con mover nuestro producto en la calle, aún seguía hurtando vehículos cuando la oportunidad se daba y robándoles a otros distribuidores. Para este tiempo ya me habían arrestado par de veces y finalmente lo volvieron a hacer con par de cargos por el hurto de vehículos. Esto resultó en una sentencia de diez meses en Spofford, una institución juvenil. Pasé los primeros meses de mi sentencia en ese lugar y luego me movieron a un hogar de grupo en Far Rockaway, Queens. Durante mis diez meses de sentencia me daban permiso de regresar a casa durante los fines de semana y en las festividades. Pensarías que para este tiempo hubiese corregido mis andanzas, pero fue totalmente lo contrario. En uno de esos miniviajes al vecindario, estaba con mi grupo de Power Rules, haciendo lo que sabíamos hacer, travesuras generales, y me gané otro caso. Mis padres pagaron la fianza de $500 y los cargos se cayeron eventualmente. Terminé mi tiempo en el hogar y eventualmente estaba de vuelta en la calle.

Tal vez para este momento te has preguntado, ¿dónde están los padres de este niño? Créeme, ellos hacían lo posible por sacarme de las calles. Mi madre me suplicaba que dejara la delincuencia. Ella me decía que me compraba lo que yo necesitaba: ropa, un carro, lo que fuera necesario, si dejaba la calle y regresaba a la escuela. Por alguna razón, su mensaje no me llegaba.

Simplemente asentía con la cabeza, le decía lo que ellos deseaban escuchar, y volvía a las calles.

Una vez regresé de Spofford y del hogar, no tan solo Manuel había crecido el negocio, pero parecía que todo el mundo en la calle estaba vendiendo algo. Lo que significaba más problemas. La presencia de la policía era constante. Ellos llegaban de vez en cuando y limpiaban el vecindario completo, pero no nos importaba. Fuimos de generar unos cuantos cien dólares al día, a mil dólares diarios cada uno. Manuel se compró una Boneville y yo me compré una Honda. No tan solo estaba mejorando mi situación de vehículos, también estábamos ganando terreno. Pasamos de un revolver de seis tiros a armas de grados militares. Estamos hablando de M-16s, Uzis, TEC 9s, entre otras. Compré mi propia MAC-10, una máquina compacta. Aprendimos a usarlas en el techo de nuestro edificio sobre el piso veintiuno. Así es, tal y como lo puedes leer. Estábamos tomando ronda de tiros desde el techo sobre la cuidad, disparando al aire. El Bronx era como el tercer mundo, nuestro propio Beirut y así lo llamábamos a veces.

Un día, mientras trabajábamos una de nuestras esquinas en la Avenida Unión, la policía apareció. Pero esta no era una visita típica, era una patrulla que nos estaba observando. Llegaron en una van llena de un equipo de narcóticos y todos se tiraron a la calle. Aun en contra de este equipo de oficiales de narcóticos que estaban bien entrenados, no nos rendiríamos fácilmente. Estaba con mis amigos Titus y Tommy, y entramos de inmediato al edificio. Ellos nos persiguieron. Cuando llegamos a la escalera Titus utilizó la oportunidad para mostrar su arma cargada y disparar en contra de ellos, lo cual nos ayudó para ganar tiempo.

Llegamos al techo y los guardias lograron alcanzarnos. Se lanzaron sobre Tommy mientras Titus y yo brincábamos de techo en techo, así como en las películas. De alguna manera nuestra frase de hacer películas se hizo una realidad. Terminamos en el techo de nuestro amigo Víctor. Bajamos las escaleras y fuimos a su apartamento. Estaba allí con su mamá. Le pagamos por el favor y celebramos nuestro gran escape de la ley. Parece que celebramos muy pronto porque unos minutos más tarde la celebración fue interrumpida por un fuerte sonido y una irrupción. La división de narcóticos tumbó la puerta de Víctor para poder entrar y utilizaron a Tommy como escudo humano en caso de que abriéramos fuego. La cara de Tommy estaba desfigurada. La policía le había propiciado una paliza. Tiraron a Víctor y a su mamá al piso, quienes no tenían nada que ver con lo que habíamos hecho. Luego fue mi turno. Mi tiraron al piso y luego sentí una bota contra mi cuello. *"Ahora no eres tan fuerte verdad?"* me gritaba el guardia mientras se aseguraba que mi cara quedara bien marcada por la presión que me ponía en la cara y el cuello. Estoy seguro de que se estaba disfrutando los sonidos que hacía mientras trataba de conseguir aire. Luego me pusieron las esposas y se aseguraron de que estuvieran lo suficientemente ajustadas para enviarme un fuerte dolor por todo mi brazo. Me pusieron de pie con mucha fuerza, ejerciendo dolor otra vez, y me llevaron a la van donde estaban todos los detenidos. Los tres fuimos lanzados y encerrados en la van. No podía creerlo. Igual habían capturado a otras personas que no tenían nada que ver con nuestra operación. Conocía a un tipo, Pete, del vecindario.

"Te arrestaron a ti también," me dijo sonriendo.

Nuestra primera parada era en la Central de la calle 161. Nos metieron en una jaula gigante que le llamaban el toril, junto con otros diez o quince hombres que estaban en espera de sus casos ante un juez. En ese tiempo, se podían demorar hasta cuatro días en que te permitieran la primera vista del caso. Y mientras te tocaba permanecer en esta jaula como animales y con solo un baño disponible expuesto a todos. Para hablarlo claro, si tienes que orinar o hacer cualquier necesidad, tienes que usar el baño frente a todo el mundo. Un proceso antihumano y degradante como suena. Era por esas condiciones y los tiempos de espera que los tiempos cambiaron en el 1992 y era mandatorio que vieras a un juez a cuarenta y ocho horas de ser arrestado. Un poco tarde para nosotros ya que estos eventos que te comparto ocurrieron en el 1989.

El juez me impuso una fianza de $1500 y fui enviado a Riker's Island por primera vez, a la famosa unidad C-74 que también se conocía como la unidad de los adolescentes en guerra.

De entrada el lugar le hacía justicia a su nombre. Eras admitido con la ropa de la calle por lo que tenía puesta varias cosas deseables encima, incluyendo mis cadenas en mi cuello, las botas, y el abrigo que llevaba.

Mientras era escoltado a mi unidad, llamé la atención de los reclusas más jóvenes. Podía escuchar sus voces por las puertas de cada celda mientras pasaba por el pasillo, sus caras presionadas contra el cristal, *"esas botas son mías"*, *"No, yo las vi primero,"* *"pues yo quiero los mahones… y yo la cadena."*

El guardia abrió la puerta y me llevaron a un salón abierto con alrededor de cincuenta hombres entre las edades de dieciséis y dieciocho. Me dirigieron a mi cama que estaba al lado de otros que estaban en contra de la pared y en medio de la habitación. El guardia me dejó allí como una oveja rodeada de lobos. Pero yo no era una oveja y los demás estaban a punto de descubrirlo. Pasaron solo algunos minutos, cuando ya la primera persona vino a lanzarse sobre mí, hispano para colmo, uno de mi propia gente.

"Bonitas botas" me dijo. *"Hay mucha gente que las van a querer aquí."* Esto era lo único que sabía. Sentir temor dentro de ti es normal, pero en las calles y en la cárcel, no puedes permitir que nadie se dé cuenta porque una vez lo hagan, será como tener un depredador encima. No le des a nadie ni una pulgada.

"Ves estas botas?, Ven y obsérvalas bien," le dije. *"Se van a quedar aquí donde mismo están, en mis pies."*

El tipo suspira. Esto me dice que estaba pensando en su próxima movida y sus probabilidades.

"Estás seguro de eso?"

Mantuve la mirada firme.

Y luego viene. En el tipo de vida que llevaba, te mueves de lanzar palabras a tirar puños en cuestión de segundos. Él me tiró primero y yo rápido le contesté. Los oficiales de corrección llegaron y nos separaron. Tal y como le dije al chamaco, los botas permanecerían en mis pies así tenga que pelear contra el lugar entero.

Ese mismo día llegó el segundo contendiente. No estaba seguro de quién podía meterse, así que tenía los nervios de punta. De igual manera, luché contra él y pude quedarme con mis cosas. Al llegar la noche mi ansiedad creció. Una vez dormido, cualquiera podía venir y arrancarme las botas de mis pies. En cuanto a quitármelas, eso no era una opción. Así que me quedaba despierto toda la noche, preparado para defenderme con mis botas bien puestas.

Algo que hay que decir es que una vez que entras y sales tanto de las instituciones, es que siempre terminas conociendo a alguien adentro. Al día siguiente me encontré con uno de esos conocidos, un muchacho llamado Fred. Ya todos estaban hablando de mí.

"La gente está hablando aquí de ti, tipo." Me dijo: *"voy a hablar con mi jefe Born."* Born era uno de los 5 Porcentajes, el grupo que había mencionado anteriormente y parecía que tenía mucha influencia en mi lado de las celdas. Fred fue capaz de conseguir una garantía, no era ideal, pero era algo. No me asaltaría una ganga, pero estaba disponible para cualquiera que me quisiera asaltar uno a uno.

Tuve unas cuantas peleas más antes de enterarme que mis padres habían pagado mi fianza. Me fui de la unidad C-74, con mi cabeza en alto y tal y como lo prometí, con mis botas en los pies y la ropa en mi espalda.

D SITTING
E EATING
F PICTURES
A FUMAR
B ABRAZARSE
C BESOS
D SENTARSE
E COMER
F FO

CAPÍTULO CINCO

UNA VEZ REGRESÉ a la casa de mis padres hice algo que nunca había hecho, me quedé en baja. Estaba sucio y todo golpeado. La ropa que llevaba puesta desde el día que me arrestaron hasta ese momento, las boté. Todo lo relacionado a Rikers y de la central me daba asco. No quería nada relacionado cerca.

Ya para este momento mis padres tenían mucho temor por mí. *"Te van a matar en la calle un día de estos mi niño. Eres muy joven,"* me dijeron. Y esas no eran solo palabras.

Habían padres de llegaban a menudo a tocar la puerta del apartamento solicitando dinero ya que no tenían dinero suficiente para poder enterrar a sus propios hijos.

Eso tuvo que haber impactado mucho a mi papá ya que compró seguro de vida y espacio en un panteón para todos nosotros. Si algo pasaba, él quería estar preparado. Nadie de mi familia estaría tocando las puertas pidiendo dinero mientras mi padre pudiese proveer.

Estuve de descanso par de días y volví a la calle. Ahora la división de narcóticos nos tenía visto. Estaban controlando mucho mejor el ambiente de las drogas y eso significaba que el negocio debía cambiar. Todavía estábamos vendiendo, pero no a la misma magnitud. Los viejos en el negocio deseaban volver habiendo cumplido con sus sentencias y pretendiendo dominar nuevamente sus viejas esquinas. Le dejamos claro que ese era nuestro territorio. Si deseaban trabajar, tenían que pasar por nuestro filtro. Tal vez éramos jóvenes pero estábamos armados y dominábamos como expertos. Los viejos se alinearon, pero en lugar de solamente vender y a tomar su porciento de ganancia, se dedicaron a asaltar a otros distribuidores para revender la mercancía. De esta manera lograban una ganancia de 100 por ciento en lugar del treinta o cuarenta. Y mientras lo hacía, si en su asalto el distribuidor estaba cargando joyería, se llevaban eso también. Algunos de nuestros hombres tenían tanto metal encima, alrededor de su cuello y en sus manos que se parecían a Mr. T. Era ridículo.

Comencé a verme igual, pero Gretel mi hermana, quien era mayor que yo por cinco años, no estaba impresionada.

"Ni pienses que te ves lindo," me dijo. *"Ya ni pareces cubano."* Mi hermana mayor Glenda se sentía igual. A su manera, todos en la familia estaban haciendo lo posible por tratar de que yo entrara en razón. Ellos no tenían ni idea que se necesitaría mucho más que palabras para lograr eso. En cuanto a mí, yo sabía que era todo o nada. Yo me sumergía en la acción sin frenos ni obstáculos. Todo era cuestión de movimiento, acción y entusiasmo. Creando películas como decíamos.

Así fue como terminamos brincando ocho a la vez dentro de un auto. Estábamos detrás de un miembro de una ganga rival por causa de problemas con una chica. Los detalles no eran muy claros y nunca importaban. Escuchamos que el tipo estaba cerca de la Escuela Superior Gumpers. Así que llegamos, lo vimos, y los ocho nos bajamos para darle una paliza. De repente, llegó un vehículo y escuchamos disparos. Corrimos.

Estaba tratando de alejarme de la escena lo antes posible hacia la Avenida Unión, cuando sentía mi lado izquierdo poniéndose pesado. "Oye, estás sangrando" alguien gritó.

Me tuve y me verifiqué. Había sangre en mi camisa, en la parte abajo izquierda. Sin llamar a la policía o la ambulancia, mis amigos me llevaron al hospital donde fui evaluada por los médicos y me tomaron unas radiografías. Tenía una herida en la espalda. La bala aún estaba alojada allí. Me dieron a escoger, o dejar la bala alojada o removerla de manera quirúrgica, pero había un riesgo para sacarla ya que estaba alojada muy cerca de mi espina.

Mis padres estaban muy desconcertados y yo les había causado más dolor en este maldito ciclo que no parecía acabar. La película continuaba.

Me dijeron que mi grupo se juntaron nuevamente y tomarón venganza unas horas más tarde. Aparentemente parte de los muchachos que le dispararon estaban en el mismo hospital en la sala de emergencia.

Esa noche mi mamá pasó la noche conmigo en el hospital durmiendo a mi lado. No importa lo que hiciera, mi madre siempre estaba a mi lado.

No sorprende que una vez estaba sano, ya estaba en la mezcla tomando placer en mi nueva obsesión, asaltando distribuidores de drogas. Me llenaba de adrenalina y siempre estaba en busca de la próxima víctima, aunque mi mejor amigo Manuel no le agradaba esta escena. Él me lo confesó cuando una noche estábamos compartiendo y haciendo lo usual y fumando, cuando Pete y José llegaron a decirnos que vieron a un tipo en Southern Boulevard, que le debía dinero.

Eso era lo único que necesitaba para emocionarme y reaccioné como un soldado respondiendo al llamado. Pero Manuel tenía sus propias ideas.

Me tomó hacia un lado y me dijo: *"Chico no vayas... esto es cosa pequeña que no vale la pena."*

"Eres como mis padres, te preocupas demasiado por mí." Le dije.

"Te lo estoy diciendo, esto no vale la pena."

"Regreso rápido, ya verás"

"Sabes que solo te cuido."

"Si, claro."

"Somos hermanos." Me dijo.

"Eso lo sé."

Nos dimos la mano y nos abrazamos. Así era la cosa entre Manuel y yo. No importa qué sucediera, o cuales desacuerdos tuviéramos, nada se interponía entre nuestra amistad. Estábamos atados como hermanos de sangre.

Así que me fui con Pete y José. Pete vio al tipo e hicimos nuestra movida. Nos lanzamos sobre él con puños y armas. Le dimos una paliza lo suficiente fuerte como para Pete cerrar con las siguientes palabras:

"Consigue mi dinero, o la próxima vez te mato." El muchacho se paró y salió corriendo. Misión cumplida.

Tal y como le mencioné a Manuel, regresamos a nuestra esquina. Sin preocupaciones. Eso fue hasta que la policía llegó y nos arrestó y comenzó todo el proceso otra vez. Primero para el precinto de la calle 161 y luego a la jaula para esperar mi vista.

"Lo ves, te lo dije," Manuel me dijo en un momento cuando hablé con él en el teléfono. "Yo lo sentí, no debiste haber ido."

Ves, no era capaz de escuchar la voz de mi propio amigo. Esta vez me acusaron de robo armado. El muchacho que golpeamos mintió o estaba a punto de hacerlo para que nos dieran una sentencia más severa.

El juez me impuso una fianza de $3500, una suma que mis padres no podían pagar. Fui llevado por segunda vez a Rikers Island. En este ocasión llegué con los tenis más modernos puesto y tuve que luchar para permanecer con ellos puestos. Eso fue hasta que escuché mi nombre por las bocinas:

"William Licea, repórtate a la burbuja. William Licea, repórtate a la burbuja."

Fui a ver al oficial correccional. Me dijo que colectara mis cosas.

"A dónde voy?"

"¿No estás loco de salir de aquí?"

Avancé a tomar todas mis cosas para salir del lugar. Aparentemente los ángeles aún estaban conmigo. Manuel sacó la cara por mí y pagó la fianza después de solo unos días en Rikers.

Las voces, más voces, todas esas voces que estaban al otro lado de la razón y sanidad trataban de alcanzarme.

Mi novia: *"Tienes que parar esto ya."*

Sus padres: *"Escuchamos lo que ustedes hacen en la calle. Es hora de tomar mejores decisiones, antes de que sea demasiado tarde."*

Mi madre: *"Mi hijo precioso, todavía eres tan joven."*

Me asignaron un abogado de la defensa pública. Él me estaba empujando a que tomara un acuerdo en lugar de ir a juicio, lo cual podía significar de un año y medio a cuatro años y medio, en lugar de una más larga si fuese a juicio y pierdo. Me dijo que no jugara con los impuestos de los ciudadanos, para llegar a un acuerdo. Creo que lo más que quería era que mi caso pasara rápido. Tomé su consejo y me declaré culpable. Me dijeron que regresara de nuevo en sesenta días para recibir mi sentencia oficial.

A estas alturas, tal vez te podrás imaginar lo que hice. Así es! No me reporté devuelta. Salté la vista de sentencia probando mis límites y fe por la décima vez. Pero en mi línea de trabajo, mientras más altos estaban los riesgos, mientras más edad tenía, mis supuestos días de libertad duraban menos y menos. Eventualmente, lo inevitable realmente llega. Los tuercas se aprietan. El cazador se convierte en la presa.

Unos meses más tarde, a las 5:00 de la mañana, mientras dormía en mi habitación, en la casa de mi padre, mi novia Aracelis a mi lado, llegó la unidad de la policía con una orden de arresto. Mi padre abrió la puerta.

"William está aquí?"

Mi padre alzó sus hombros. *"No sé dónde está,"* dijo el. Lo echaron a un lado, empujaron su entrada, me sacaron de la cama y me llevaron arrestado.

Hay mucho ruido sobre todo lo que sucede en la prisión y hay mucha verdad en eso. Tal vez escuchaste sobre la sobrepoblación, las condiciones terribles, peleas, motines, armas, drogas y violencia. Las he experimentado todas. Pero nadie parece estar hablando sobre los baños de Rikers. No se usaban solo para las razones obvias.

Cuando te admiten con la ropa que tienes puesta, llega el momento que te preguntarás qué hacer cuando los mahones se ensucian. Después de todo, la prisión no es un hotel. Cuando estuve allí en los 90's nadie se daba la vuelta para lavarnos la ropa, así que tenías que ponerte creativo. Ahí es cuando usábamos los baños como lavadoras. Metías los pantalones en el agua, estregabas y luego los colgabas para secar.

Los baños también servían de nevera en los días calientes. En la comisaría vendían emparedados con cortes fríos y la única manera de mantenerlos fríos era colocarlos en una bolsa plástica, la sellabas, y tal y lo que estás pensando... la manteníamos dentro del agua del baño. Lo hacíamos también con las botellas de agua de igual manera, por más loco que suene.

Desde el inicio de los tiempos, los humanos han encontrado maneras de adaptarse y de sobrevivir en diferentes condiciones, y en muchas ocasiones hostiles. La prisión no era una excepción. En esta ocasión tenía que encontrar una manera de hacer ambas cosas, adaptarme y sobrevivir, porque una vez me salté mi vista de fianza, tenía que permanecer un año y medio.

Comencé en Rikers, fui enviado a el Condado de Ulster por un mes y finalmente me dejaron en Georgetown para la mayor parte de mi sentencia. Georgetown era un campamento de seguridad mínima, lo que significaba que era más relajado y fácil que llegar a una prisión de seguridad media o máxima.

Lo que sí te obligaban a hacer allí era trabajar. Yo cortaba leña todas las mañanas y recogía basura de las calles en la autopista. Podías crear fuego y hasta cocinar tu comida afuera. Mis padres y mi novia venían a visitarme cada par de semanas. Había muy poca violencia aparte de los empujones esporádicos. Dentro de todo era la mejor prisión para estar.

Pero había algo dentro de mí a esa edad, puedes decir que era una manía, de tornar las cosas buenas amargas. Estaba sentado en un banco con mi novia Aracelis en una de las visitas, cuando me dio con comenzar a tocarla. Se volvió un poco muy fuerte, así que el oficial correccional me apartó a un lado para hablar conmigo.

"Ya conoces las reglas. Es un beso cuando ella llega y otra cuando sale."

"¿Mano pero no puedes mirar para el otro lado?" Le dije.

"Así no funciona eso aquí."

"Qué, ¿tienes coraje porque tu novia no se ve así?" Le respondí.

Le estaba gritando en la cara en lugar de retirarme y escuchar sus palabras.

"Ya te dije que mantengas tus manos para ti."

Y eso fue suficiente para que el oficial me creara un reporte y me acusara de amenazarlo. Me pusieron en solitaria y me movieron a otra prisión, una en la que no tenía los mismo privilegios ni beneficios que tenía en Georgetown.

Terminé de cumplir mi sentencia en Gouvernor, una prisión del estado de mediana, y mi libertad me fue devuelta después de un año y medio. Esa fue mi sentencia más larga hasta el momento. El año era 1992. Aun solo tenía dieciocho años.

Un mes. Esa fue la cantidad que duró mi libertad. Un mes antes que yo, Pedro y Julián asaltamos a un distribuidor de drogas por la Avenida Longwood, le robamos su dinero, sus drogas y sus joyas y nos arrestaron media hora despues.

Ese fue el momento en que no tan solo le robé a una persona, pero me llevó a otro tipo de hurto. La de mi juventud y la de mis mejores años.

Ese fue el momento donde todo me alcanzó. He escuchado decir que cuando un criminal hace algo mal, en su subconsciencia realmente quieren que lo atrapen. La policía a veces no entiende las claves dejadas en una escena de crimen, como si fuesen a propósito. Como un niño en las calles puedo asegurarte de que estas intenciones ocultas no estaban en mi mente. Sin embargo, si observas lo que estaba haciendo día y noche, estaba retando a los dioses y a la sociedad a que me vieran, me escucharan y trabajaran conmigo. Los retaba una y otra vez, cada vez realizando obras más peligrosas.

Esa motivación estaba dentro de mí, empujándome, un misterio sin motivos conocidos.

Los retaba, empujando las cosas tan lejos como pudiera hasta que fuera inevitable. La sociedad finalmente prestó atención y me reconocieron por quién yo realmente era. Tengo suerte de no haber perdido la vida. Sería eso lo que realmente yo estaba buscando?

Pasarían veinte años antes de ser un hombre libre.

CAPÍTULO SEIS

ES 1997. PARA este momento estaba en Sing SIng, una prisión notoria al norte de la cuidad, sentado dentro de un cajón ya habiendo cumplido cuatro años y medio de nueve que me tocaban hacer.

El cajón, solitario, donde solo estás tú y las cuatro paredes. Parece que la prisión no era suficiente para mí. Necesitaba una prisión dentro de la prisión y esa segunda prisión se convirtió en el contenedor para mi mente.

Aquí no había una escapatoria de ti mismo. Esto hizo que enfrentara mi situación y lo que vendría. El tiempo puede ser un infierno. Todo en la prisión es cuestión de tiempo. Es un reloj que va marcando el tiempo restante para cumplir tu sentencia. Y luego está el tiempo dentro de la caja, una sentencia corta dentro de una larga.

Es cuestión de tiempo y el cajón te provee bastante. Hay un dicho que me repetía mientras estaba en prisión, día tras día, por semanas, meses y años. *"Mientras el sol no se apague, mientras el agua no se seque y pueda mantenerme sano, esto también pasará."*

Mantenerme sano era clave porque la gente perdía la mente mientras estaban en solitario. Estamos creados para el contacto humano, y cuando no lo obtienes, entras en la obscuridad. Es por eso que sabía que mantenerme sano sería la batalla suprema. Estar en el cajón significaba 23-1, significando veintitrés horas adentro de las cuatro paredes y una hora miserable afuera. Una hora en el patio para compensar por las otras veintitrés, lluvia, granizo, o nieve. Y el clima le da otra razón a los oficiales de corrección para jugar contigo. Si hacía frio afuera te daban una hora y si se sentían particularmente malvados, te dejaban afuera unos treinta minutos adicionales. De esa manera, cuando llegaba el momento de sacarte al día siguiente, usaban la experiencia del día anterior y te preguntaban: *"Estás seguro de que deseas salir afuera hoy? Hace mucho frio."* Y cuando la temperatura estaba buena y soleada, te hacían lo contrario. Buscaban excusas para encerrarte temprano. Vamos a decir que cuando hay personas que tienen este tipo de poder sobre ti, hacen unas jugadas muy extraña. Estoy seguro de que en su posición, tener que trabajar con el tipo de criminales que éramos, era fácil justificar su comportamiento en sus mentes, y se suma todo eso al hecho que ya uno piensa que es un animal o un insecto. Este tipo de comportamiento te lleva a la pregunta: es el tiempo que serviste en prisión el precio suficiente por lo que has hecho o también debes ser puesto en situaciones donde te minimizan y te maltratan de manera sutiles y no tan sutiles? Profundizando un poco más, ¿sigues siendo humano? Si tomo en cuenta las peores experiencias que viví dentro del sistema te diría que la respuesta es no.

Veintitrés y uno. Horas divididas y rotas. Todo es un juego con el tiempo, minutos separados, horas, celdas dentro de habitaciones y cajones dentro de celdas. Por primera vez leo libros. He leído David Morrell- *First Blood, The Brotherhood of the Rose y Fraternity of the Stone*, todos libros en Inglés.

Me sentía solo y estos libros me hacían compañía. Sus palabras penetraban mi mente terca. Me enseñaron que se puede sobrevivir bajo las condiciones más precarias mientras no te rindas. También me enseñaron principios y morales, cosas que no había abrazado. También habían otras lecciones en esos libros: cómo manejar un cuchillo, desviar puños y cómo tumbar a una persona con la palma de la mano. Créelo o no, practiqué todas esas movidas de defensa propia mientras estaba en el cajón y luego en contra de otros reos y las técnicas funcionaron. Pero, me salvarían más de una vez. Fue como si Dios hubiese puesto eso libros en mi celda justo en el momento perfecto cuando más lo necesitaba.

Me estaba preparando. Había algo sobre el horizonte que había estado conmigo desde 1990 y fue durante ese tiempo en la celda que se hizo realidad. Una vez más el tiempo estaba haciendo lo suyo, jugando trucos, el pasado siendo arrastrado al presente.

Una tarde un oficial correccional vino a mi celda a decirme que tenía visita. Cuando me sacaron de la celda me llevaron a una habitación privada. Estando allí, me orientaron otro grupo de los oficiales para decirme que la visita eran los Federales y preguntaron si estaba dispuesto a cooperar. Como tenía curiosidad para escuchar qué querían preguntar, asentí.

Los dos hombres estaban esperando en otra habitación privada, del otro lado de una mesa de metal. Un hombre delgado y rubio con un bigote, se presentó como el Agente Rick. El otro agente de pelo negro era del FBI. Ambos vestían de traje y chaqueta. Una vez estaba sentado al otro lado de la mesa, el agente de la DEA comenzó diciendo:

"¿Cómo estas Will?"

"Bien, ya sabes, con todas las cosas consideradas," contesté.

"¿Todo bien contigo?"

"Lo mejor que se puede estando aquí."

La conversación continuó así por un rato. Me di cuenta de que el agente del FBI principalmente observaba.

"Hemos escuchado mucho sobre ti. La gente en la calle habla mucho sabes." Claro que lo sabía. Definitivamente sabía que se aproximaba algo importante en los próximos segundos.

"Conocemos sobre los Power Rules," continuó diciendo. No me moví, me quedé estoico. El agente del FBI se quedó al igual que yo, inmóvil con sus manos cruzadas en la mesa.

"También sabemos que eras un teniente con los Power Rules, la mano derecha de tu socio Manuel."

Nadie en nuestro grupo tenía rangos, así que lo de teniente era cómico y completamente fuera de base.

"¿Sabes que más sabemos Will...? Octubre 14 del 1990, ¿Te es familiar?"

"No," contesté.

"Qué raro porque tu asociado Antonio perdió la vida ese día. La gente está diciendo que fuiste tú."

Mientras pronuncié las siguientes palabras mí estómago se hacía en un nudo: *"no tengo ni idea de lo que estás hablando."* De repente estaba mareado y haciendo lo posible por disimular lo que estaba sintiendo.

El agente Rick se acercó a mí más. Me dijo: *"Los Power Rules se está hundiendo y te estamos dando una línea de vida. Solamente tienes que tomarla."*

La parte de hundirse era cierta ya que me estaba hundiendo, a punto de ahogarme.

"De lo contrario, en dos semanas te sentenciarán por crimen organizado y el asesinato de Antonio Juan Morales. Te enfrentarás a una sentencia de por vida." Pensando ahora, El FBI tuvo que haber visto un cambio en mi comportamiento. Después de siete años, el pasado me estaba atormentando y estaba de vuelta frente a mi cara y quería retribución.

"Yo no maté a nadie," les dije.

"Te vas a hundir Will, junto con todos tus amigos, a menos que..., ya sabes cómo es esto."

"No tuve nada que ver con esto, así que..."

"Por última vez, somos tu salvavidas. ¿Cómo quieres que esto termine? No debe ser contigo muriendo de edad avanzada en una celda de prisión."

No tenía nada más que decir. No importando nada de lo que me dijeran, no estaba dispuesto a cooperar con ellos aunque las consecuencias fueran fuertes. Así que permanecí en silencio hasta que ellos indicaron que la reunión se había culminado y ellos abandonaron el salón.

SIGNAGE
SIGNAGE
SIGNAGE
SIGNAGE
SIGNAGE
SIGNAGE

CAPÍTULO SIETE

ESE DÍA DE octubre del 1990 nunca me abandonará, sin importar a dónde vaya o cuánto pueda cambiar.

Tenía dieciséis años. Nosotros, los Power Rules, teníamos una guerra continua con los dominicanos. Con tanto dinero circulando en la calle para esos tiempos, no era de extrañarse que tuviésemos competencia. Eso no significaba que estábamos de acuerdo o que lo íbamos a tolerar. Nuestro grupo salía a la calle a plena luz del día con la artillería pesada y los asaltábamos. Como si eso no fuera suficiente, celebrábamos nuestro triunfo frente a ellos. Cada oportunidad que teníamos la aprovechábamos para demostrarle al barrio quién tenía el control. Pero, no puedes hacer eso de manera repetida y no esperar represalias.

En la calle siempre hay una guerra y drama con una persona. Las historias de estos incidentes se regaron rápido, porque al final del día, eran de motivación para todo lo que hacíamos. No importaba de qué era el problema, siempre había uno.

Así fue como me encontré manejando el auto Camaro IROC-Z de mi amigo Edgar dentro del territorio dominicano. Uno de nuestros chicos tenía un problema con uno de ellos. No sabía de qué se trataba y tampoco me importaba. Lo único que importaba era que nos estábamos moviendo hacia adelante con velocidad y propósito.

Lo vimos en el bloque, merodeando en la parte afuera de un edificio y nos acercamos. Tan pronto nos vieron salieron directo hacia nosotros con armas en mano. Nos montamos de inmediato en el auto bajo el ruido de las balas chocando contra el metal y salimos de allí. Lo positivo fue que nadie salió herido. Regresamos al barrio para planificar un contra ataque. Esto era una guerra que yo deseaba liderar.

En el mismo auto marcado regresamos al campo de batalla. Esta vez estábamos mejor preparado. Teníamos armas militares, PK tenía un M-16, un par de Uzis y yo una MAC 10. Como dije artillería militar.

Salté por el lado del chofer y PK estaba asomado por el lado del pasajero. Tan pronto mis pies tocaron el suelo, ya estaba disparando balas. Reconocí a uno de sus chicos, incluso recuerdo su nombre, Ricky, el que había disparado a nuestro auto más temprano, y vacié mi arma en su dirección. Luego de esto, lo demás fue borroso. Vi mucha gente caer pero no sabía si era que las balas los alcanzaron o si se estaba bajando para evitar las balas.

Disparamos y nos fuimos corriendo nuevamente al barrio para guardar nuestras armas. Luego decidimos tomar el tren hacia la cuidad. Terminamos en el Parque Central disfrutado el día como si nada hubiese pasado. Cuando regresamos al Bronx había noticias. Era un momento de guerra nubloso y sucedió así: cuando me bajé del auto y comencé a dispararle a el chico Ricky, uno de nuestros chicos Antonio, que vivía en el mismo edificio que los dominicanos, estaba saliendo por la puerta. Ricky lo usó como escudo humano para evitar recibir las balas. Antonio murió ese día por error.

Su muerte fue anunciada en las noticias esa noche. Yo estaba confundido. PK fue arrestado. Tenía el temor que lo presionaran y nos delatara, pero cumplió con el código de la calle y mantuvo su boca cerrada. Eventualmente el caso de PK fue suspendido por falta de evidencia. Eso fue lo último que escuchamos al respecto. Aunque parecía que estábamos libres, la muerte de Antonio se quedó conmigo como si estuviera esperando el momento indicado para atormentarme. Y así fue.

Tal y como los agentes federales del FBI y la DEA me habían advertido, fui acusado de asesinato dos semanas después de su visita. Finalmente el último dominó de mi vida en la calle calló. Alguien había violado el código de la calle y me había delatado. Una vez más me habían asignado un abogado del estado y nuevamente me ofrecieron un acuerdo de treinta años en lugar de una sentencia de por vida si les daba los nombres de las personas que actuaron conmigo. Le dije a mi abogado que prefería probar mi suerte y esperar un juicio. Después de un año y medio de varias vistas, me ofrecieron veinte años concurrentes con mi sentencia y estuve en acuerdo, lo cual ahora significaba cumplir con once años y medio encerrado en total. De esos los últimos diez años serían bajo custodia Federal.

Aunque ya era un veterano en las cárceles, solamente tenía veintiséis años. Una vez más, todo se centraba alrededor del tiempo. ¿Cómo entender los más de diez años que me esperaban, el pasado, todo lo que había hecho y lo que había visto? La prisión era un perro del infierno. Estiércol, orín, violencia y muerte: eso es lo que ocurre dentro de las cuatro paredes y se acercan a ti poquito a poquito.

Al principio no las logras ver, pero están ahí, más allá de la simple vista. Las calles te engañan con ciertas creencias locas, incluyendo creer que los días pasarán sin pagar un precio.

Tan seguro como la muerte, esas paredes aparecerán aunque no sepas la hora. ¿Y luego qué? Es igual de malo adentro que afuera. Un tonto muere frente a ti una semana antes de salir, por no perder una cadena de oro a causa de su orgullo. Por lo que recibe una puñalada en el pecho y pasa sus último segundo tratando de encontrar un poco de aire mientras se desliza en contra de la pared. Es tan absurdo y no tiene sentido. Morir por una cadena.

¿Ese sería yo, pasar por una muerte patética? La realidad es que pudiese ser cualquiera de nosotros, los perros del infierno te pueden llevar en cualquier momento.

Así que haz tu parte y has lo posible por mantenerte vivo. Claro, la vida afuera es cuestión de sobrevivencia, pero es más aparente y urgente adentro. Ya para este tiempo mi novia Aracelis continuó su vida. Dos décadas es mucho tiempo para esperar por alguien. Si, el tiempo juega con todos nosotros.

Es 1999, me han movido de una prisión a otra y termino en la Correccional Upstate, una facilidad SHU. Esto significaba que habían reos de todas partes de Nueva York que eran enviados allí para cumplir tiempo en solitaria. En mi caso, ocho meses por haber participado en un motín dentro de la capilla. Se puede decir que tenía un arte para transformar lo sagrado en un lugar profano.

En todas las ocasiones que había cumplido tiempo en solitario, siempre era yo y la cuatro paredes, pero en este lugar, todo el mundo tenía un compañero de cuarto asignado. Con tantas personas entrando al sistema correccional, comenzaron a economizar.

Aquí no tienes derecho a llamadas como en las prisiones normales. El único contacto con el mundo exterior es a través de correspondencia escrita. Y, mientras menos escuchabas de afuera, más te preocupabas.

Una mañana a principios de agosto, un oficial correccional llegó a mi celda y me dijo que me vistiera. *"El capellán te quiere ver,"* me dijo. Me puse una camisa, me pusieron las esposas y me escoltaron a la oficina del capellán.

Una vez llegué allí, la atmósfera estaba sombría.

"Toma asiento William."

En sus cuarenta años, el capellán hablaba de manera muy sutil y reservada. Muy diferente al tipo de persona con la que me relacionaba.

Me acomodé. Me quitó las esposas. Ya sabía que lo que me fuese a decir no era bueno. Nadie llamaba a un capellán para buenas noticias.

"¿Cómo van las cosas contigo?"

Me encogí de hombros, qué otra cosa pudiese decir una persona en mi posición.

"Tal vez quieras saber por qué te llamé aquí."

Asentí con la cabeza ya un poco ansioso. *"Si, lo sé."*

Y enseguida me dijo: *"es tu papá, Will."*

De alguna manera ya lo sabía aun sin haber pronunciado las palabras.

"Sufrió un paro cardiaco. Está en el hospital y no pinta bien la situación."

Simplemente permanecí en silencio.

"Hemos coordinado una llamada si gustas."

"Si, me gustaría hablar con mi mamá," le dije.

Él apuntó hacia el teléfono. *"¿Estás seguro de que estás bien?"*

No sabía si me estaba haciendo el más fuerte, pero tampoco sentía la necesidad de romperme frente a este hombre. Por otro lado, cuando llamé a mi mamá, ella estaba bien afectada. Había estado con mi papá por sobre cuarenta años. Pero no se trataba solo de su dolor. Estaba preocupada por mí pensando que me volvería loco.

"Escúchame mamá, he pasado por muchas cosas aquí dentro. Esto también lo superaré."

Le pasó el teléfono a mis hermanas. El mensaje fue muy similar. Ambas me dijeron que me mantuviera en calma, que evitara extender mi sentencia al hacer algo irracional. Ya no me conocían muy bien y encontraba este tipo de consejo molestoso.

Cuando nuestra conversación concluyó el capellán tomó nuevamente el teléfono y tuvo unas palabras con mi mamá. Ella le dijo que estaba preocupada por mí y pensaba que haría algo estúpido insinuando suicidio.

Lo único que puedo decir por mí mismo es que desde el principio, nunca he tenido inclinaciones suicidas, por lo que esta idea era absurda y hasta una ofensa. Una vez el capellán terminó la llamada le dejé saber que nunca he sido una persona que pensara en hacerme daño a mí mismo. Ni en los momentos más oscuros. Otro detalle para tomar en consideración es que mi papá tenía setenta y nueve años. Su envejecimiento estaba en mi mente. Yo nací cuando ya estaba en sus cincuenta y tres años, el último de sus diez hijos.

"*Podemos llevarte a la celda de observación para asegurarnos que estés bien,*" dijo el capellán intentándolo por última vez.

"*No es necesario, solo llévame de vuelta a mi celda y déjame pasar por el dolor,*" contesté. Me dijo que si en algún momento necesitaba hablar con alguien, él siempre estaría disponible.

CAPÍTULO OCHO

HAY UNA UNIDAD especial que viene por ti cuando vas a salir de la prisión. Como nos habían identificado como los peores reos del sistema, antes de sacarnos de la celda se aseguraban de que estuvieras casi inmóvil antes de moverte. Esto significaba esposas en las manos y pies.

Malone, Nueva York era el hogar para la Correccional Upstate localizada cerca de la frontera con Canadá en el norte de la cuidad. Durante el camino largo a la cuidad, mientras pasábamos por el bosque que rodeaba la autopista, meditaba en aquellas cosas que extrañaba de la vida fuera de prisión. Sobre todo ese sentimiento de culpa que había decepcionado a mi mamá al no poder estar con ella en estos tiempos tan difíciles.

Esta era la primera vez que lograba poner mis ojos sobre el Bronx en siete años. Y la Funeraria Ortiz estaba justo en el centro de todo y de mi pasada vida. En el diagonal estaba la escuela superior Gompers donde me habían disparado. Más arriba estaba la calle Unión donde compartía con mis chicos y no muy lejos en la otra dirección estaba la esquina entre la calle 149 y Southern Boulevard donde la vida de mi amigo Antonio terminó a causa de una bala que disparé intencionada para otra persona.

Llegamos a la funeraria y pude ver el esposo de mi hermana esperando afuera esperando por nosotros. Estaba vestido con una chaqueta, su arma claramente visible agarrada de su correa.

"¿Quién es el hombre?" preguntó uno de los oficiales. Le expliqué que era un oficial de la policía de la cuidad y no había nada de qué preocuparse.

Me bajaron del auto que me estaba transportando bajo todo el sonido de las cadenas. Los oficiales de la prisión se dirigieron a mi cuñado.

"Usted tiene una identificación para esa arma?

Él les mostró su identificación de Policía de Nueva York.

"Este es mi hermano. Le pueden remover las esposas, yo me hago a cargo."

Para mi sorpresa, los oficiales asintieron. Me removieron las esposas de mis manos y pies para poder saludar a mi familia con un poco de dignidad.

La cuestión en mi familia era que, independientemente de lo que sucediera, permanecíamos unidos. Juntos, en la privacidad de la funeraria, sufrimos juntos a mi padre que permanecía quieto en su ataúd.

Se supone que me dieran solo una hora, pero los oficiales de la unidad especial fueron amables en extenderlo media hora más. Al menos tuve un poco más de tiempo para consolar a mi mamá.

Me llevaron nuevamente a la prisión una vez enterramos a mi papá. Mi mamá estaría sola ahora y eso me incomodaba, pero cuando luego me enteré de que mi hermana Glenda y su familia se estarían mudando con ella, eso me dio paz. Tendría una persona con ella mientras cumplía mis diez años de sentencia.

Skyline
(718) 567 0481

CAPÍTULO NUEVE

SI TE FORMAS para creer que eres algún tipo de Dios, la vida se encargará de mostrarte lo contrario. Eres testigo de cómo tus amigos son removidos. Unos terminan en la cárcel y otros son enterrados para siempre.

Esto no solo se limitaba a tus amistades sino también tus rivales. Uno a uno de alguna manera todos caíamos. Uno a uno sufrimos las consecuencias de nuestras decisiones y acciones. Tal vez si te mantienes ahí lo suficiente, si te das media oportunidad y aunque no seas tan infalible como pensabas que eras, aunque hayas hecho cosas terribles o las hayas experimentado, al menos hay una mano impulsándote y cuidando sobre tu vida.

Una vez más me transfirieron a una nueva facilidad Correccional, Elmira. Era el año 2000. Uno de nuestros muchachos tenía un problema con uno de los que pertenecía a la sociedad de los Brotherhood, la ganga de la costa oeste que ya habían crecido y saturado las calles de Nueva York mientras estuve haciendo mi tiempo dentro de la cárcel.

Esta vez fue uno de los de ellos que fue apuñalado. Nos reunimos en el patio con los miembros de su ganga después del hecho, hombres Africanos Americanos de los Brotherhood y le preguntamos qué pensaban hacer. ¿Tomarían represalias?

Nos dijeron que todo estaba bien, que solo fue una disputa entre dos hombres y nada más. Como dice el dicho: "estamos bien."

Algo particular de los Brotherhood era que eran un bonche de dudosa reputación. Nunca realmente sabías dónde estabas parado con ellos. Tenían una fama de ser sucios y traicioneros.

Había pasado una o dos semanas. Estaba en el comedor terminando una comida. Cuando terminé, llevé mis platos y me dirigía a la puerta de salida hacia mi celda. Tan pronto estaba en el pasillo sentí un cuchillo atravesar mi cuello y espalda.

Me di vuelta para ver a mi atacante y vi que no tan solo había uno de los integrantes de los Brotherhood parado allí, sino cuatro de ellos, todos lanzándose sobre mí con puños y cuchillos para atacarme. Con mi corazón a punto de explotar del pecho y con la adrenalina corriendo por todo mi cuerpo comencé a pelear contra ellos. Algo que estaba claro era que ellos no estaban buscando golpearme, sino más bien para quitarme la vida.

De alguna manera pude luchar bastante pero sabía que no iba a poder resistir por mucho tiempo. Ellos me estaban cortando por todas partes, en mi cuello, brazos y manos. Fue en ese momento, como en una película de Hong Kong estilo kung fu, pude ver uno de sus hombres volar del otro lado del salón. No sé de dónde mi amigo Héctor se había unido a la pelea. Este hombre medía seis pies, cinco pulgadas. Era un gigante, un toro y su presencia lo cambió todo. Parece que la presencia de esta máquina demoledora hizo que mis atacantes pensaran dos veces sus intenciones porque de inmediato se rompió la pelea y cada cual salió corriendo. Sin Héctor pude haber perdido mi vida esa día.

Devuelta en mi celda estaba todo cortado, sangrando por todas partes, pero no me quejaba ni buscaba atención médica. Lo que hice fue aplicar tabaco a la herida de mi cuello, algo que había visto en la película de *Predator*. No podía creer que realmente funcionó. Pude controlar el sangrado. Oye, no solo hacíamos películas; las veíamos y aprendíamos de ellas.

Algo real sobre los Brotherhood es que tampoco eran muy querido por los oficiales correccionales. Constantemente estaban jugando sucio, hablando una cosa pero haciendo otra.

Al otro día un oficial se acercó a mi celda. Me dijo que uno de mis atacantes saldría pronto de su celda para recibir una visita y cuando lo hiciera podía lanzarme sobre él sin consecuencias.

"Son unos abusadores y merecen lo que les viene" me dijo.

Me preparé, tomé mis dos cuchillos preparados de dos bandejas de metal del comedor. Cuando llegó el momento en la galería, lo comencé a atacar pero él también estaba preparado; se cubrió sus brazos y su pecho con libros y revistas para protegerse. Pero eso no podía detenerme. Tuve que haberlo apuñalado más de veinticinco veces antes de que los oficiales se metieran para separarnos. Salí casi mareado de tanto golpearlo y él también eran un buen contrincante y me dio par de golpes en la cara y la cabeza.

Después de la pelea, el oficial que me dejó salir de la celda me respaldó. Él dijo que el otro muchacho fue quien trajo los cuchillos y había comenzado todo. Mientras regresaba a mi celda me sentía como el luchador estrella que había tumbado al campeón. Fue mi momento Rocky. El resto de los reos vieron de lejos la pelea. Muchos de ellos me estaban gritando en apoyo junto con varios oficiales.

Una vez más, los de los Brotherhood dijeron que no deseaban entrar en una guerra, pero todos sabían que su palabra no era de fiarse. Estaba seguro de que mientras disfrutaba mi victoria en el pasillo, ya la hermandad estaba planificando una venganza.

Este era un grupo sádico y sabían cómo jugar con tu mente. En el transcurso de las próximas semanas, pedazos de papel llegaban a mi celda con mensajes indicando que me iban a matar. También me llegaba correspondencia con el mismo mensaje. Aunque ellos no eran hombres militares los de los Brotherhood sabían cómo sembrar terror en el corazón de sus enemigos. Y funcionaba. Estaba en un constante estado de paranoia. No tan solo sabía, pero sentía que mi tiempo aquí en la tierra estaba llegando a su fin. Todos lo sabían. Incluso, me ofrecieron moverme a custodia protegida pero yo no quise. Los oficiales luchaban conmigo.

"Estamos tratando de ayudarte," uno de ellos me dijo.

Si me mataban, eso no sería bien para el encargado de la prisión, los oficiales o el sistema correccional como entidad, especialmente ahora que estaban en alerta por tantas amenazas que había recibido.

Pero no quería su ayuda ni un trato especial. Yo sabía que si entraba en custodia protegida sería un objetivo el resto del tiempo que me quedaba para cumplir con mi sentencia. Prefería asumir el riesgo. A pesar de mi paranoia y mis temores, pensaba que si mi tiempo acabó, simplemente acabó. Al menos moriría con un poco de dignidad.

Entonces un milagro ocurrió que cambio todo. Como había cumplido con mi tiempo para el estado, los Federales habían llegado para buscarme. Todavía me tocaba servir el tiempo de mi acuerdo con los federales por los cargos de asesinato y crimen organizado. Ahora era propiedad del gobierno federal, una jurisdicción completamente diferente con sus propias prisiones.

Digo que fue un milagro debido al momento justo de su llegada para moverme de prisión. Me sacaron justo a tiempo. Dos meses después estaba en unas facilidades de retención en Brooklyn esperando otra transferencia. Un reo se me acerca con unas noticias:

"¿Escuchaste sobre El Mira? Ellos apuñalaron un tipo en la unidad G."

Ese era mi unidad cuando estaba allí.

"¿Qué tan herido está?"

"Bien mal. Lo tiraron debajo de la cama y lo dejaron allí para que muriera."

Tan pronto escuché eso supe que eso pude haber sido yo. Yo era el objetivo y una vez salí de su alcance, mataron a otro hombre Latino. Ese fue el momento donde comencé a creer que había una mano sobre mí guiándome como una intervención divina. El hecho de que me pude escapar de la muerte me hizo pensar que tal vez, por primera vez podría haber un plan más grande para mí. Una causa mayor.

Esos momentos eran las primeras etapas de mi cambio. Tal vez había esperanza para mi después de todo. Tal vez podía ser mucho más que mi historia de caos y violencia.

Tal vez Dios tenía otros planes para mí.

CAPÍTULO DIEZ

LA PENITENCIARIA DE Los Estados Unidos en Lewisburg eran unas facilidades federales localizadas en Pensilvania. Había recibido personas como Whitey Bulger, John Gotti y Jimmy Hoffa, entrar por sus puertas. Aparte de estos famosos reos, tenía una reputación por desorden y violencia, al igual que el sujeto del documental nominada para un premio de la Academia: *"Doing Time: Life Inside The House"* – traducido a Cumpliendo Tiempo: La Vida Dentro de La Casa.

Con todo esto en mente y con diez años aun mi sentencia por cumplir sabía que sería importante continuar con el personaje que había creado, el mismo que surgió en la penitenciaria del estado: Will El Cubano

–El lobo. No podía bajar mi escudo porque me convertiría en una oveja y me comerían de inmediato. Especialmente ahora que estaba en una nueva jurisdicción. Era como si tuviera que probarme una vez más. Como un actor en una película. Y ahora que estaba con los federales, puedes decir que me había graduado y había obtenido mi maestría, posiblemente mi grado doctoral en vida criminal.

Tan pronto entras en el sistema federal, los reos te clasifican de acuerdo de dónde provienes. En la prisión del estado, donde muchos reos eran de los cinco municipios de Nueva York. Nunca me presenté como alguien de la cuidad, sino más bien como Will el cubano del Bronx. Esa era mii identidad. Me separaba de aquellos que era de Queens o Brooklyn. Pero, cuando llegué a la institución federal y me preguntaron de dónde era, yo les di la misma respuesta que siempre daba. El reo que me recibió gritó: "Nueva York, tenemos a alguien aquí de Nueva York."

Un tipo de nombre Daniel y que le decían *Deep*, vino a saludarme a mi celda. Era de padres puertorriqueños también proveniente del Bronx. Deep estaba sirviendo múltiples sentencias de por vida por crímenes que solo Dios sabe. Mucho de los reos que conocía dentro de la federal estaban cumpliendo sentencias de por vida y que nunca a experimentar el mundo exterior otra vez.

Deep solicitó mi documentación. La tenía encima y se la mostré. Esta era la rutina informal de quienes llegaban. Como todos los que llegaban al sistema federal llegaba con documentos oficiales o los podías acceder dentro de par de semanas. Era la manera de los otros reos conocer sobre tu historial. Ellos buscaban a personas que hubiesen colaborado con el gobierno federal, en otras palabras soplones. Personas que delataron a su propia gente para conseguir una sentencia más liviana. Le tocaba al reo asignado a representarlos de acuerdo al estado, en mi caso Nueva York, para aclarar la nueva llegada. Esto se vería en mi documentación.

Le presenté mis papeles a Deep y pude proceder ya que nunca había colaborado con el gobierno federal a pesar de sus mejores esfuerzos. Si tus papeles revelaban lo contrario, te daban un ultimátum: regresar a los oficiales correccionales para solicitar custodia protegida o los reos de tu estado tenían que *"apuntarse una para el equipo"* y asegurarse que no pudiese salir en una sola pieza. Nosotros decíamos que si entraba un soplón sobre sus pies, tenía que salir sobre su espalda. Nadie prometió que la prisión sería fácil.

Otro cosa que tal vez no sabías del sistema dentro de la prisión era que puedes obtener un trabajo pero solo ganar centavos por hora. Algunos de estos trabajos eran para compañías grandes, generando ganancias enormes mientras que los presos se ganaban bien poco. Es una forma de esclavitud escondida y no quería ninguna parte de eso. Por eso siempre rechazaba los trabajos, aun aquellos que eran esperados y no producían productos para la venta exterior. En Lewisburg me asignaron tiempo en el cajón por rechazar dicho trabajo, lo cual no era tan malo ya que había cumplido bastante tiempo en solitario. Lo único que me afectaba era que tomaban cada infracción para restarlo de tu "buen tiempo" así que terminaba añadiendo tiempo a la sentencia general. Por buen comportamiento te podían reducir la sentencia hasta por quince por ciento, lo cual para mí era más de un año. El sistema federal utilizaba esto como ventaja para motivar buen comportamiento y cumplimiento, en especial de aquellos reos que tienen sentencias más cortas. Por lo cual terminé aceptando un trabajo en la cocina. Aunque eso no funcionó muy bien cuando terminé en una pelea con otro cubano y lo agredí con un cortador de pizza y me enviaron a mi segundo hogar, el cajón.

Al año de la década que tenía que cumplir para los federales, entró Willy Falcon a la foto, la persona que se convertiría en mi primer y real mentor.

Para cuando conocí a Falcon, ya era un personaje legendario. También era de origen cubano, veinte años mayor que yo y era uno de los distribuidores de cocaína más conocido de los Estados Unidos. Según los oficiales su organización era conocida por mover casi un millón de kilos por el paso de quince años, haciéndolo a él y a la gente que trabajaba para él, personas muy adineradas. *Los Muchachos*, como se conocía su organización, se rumoraba que corrían todo Miami, lo ayudaron a crearla. Lo capturaron y lo llevaron bajo custodia federal en los comienzos de los años noventa, por lo que pasaría cerca de treinta años en la prisión. Cuatro de ellos eran junto a mí en Lewisburg, en la misma celda. ¡Así es! Willy Falcon era mi compañero de celda por casi media década. No puedo exagerar la influencia que tuvo sobre mi vida y mi forma de pensar.

No culpo a nadie que al escuchar esto sean escépticos, ¿cómo puede alguien como Willie Falcon causar un impacto positivo en la vida de una persona? En la superficie esto es algo completamente entendible. Primero que todo, estoy aquí para recordarte que las personas pueden cambiar. Cambios es una de esas cosas inevitables en la vida y eso incluye cambios internos.

Cuando mi vida se cruzó con la de Falcon, ya estaba en sus cuarentas. Tenía bastantes experiencias de vida para compartir y lo hizo bajo una perspectiva muy diferente. Aún era un joven ignorante del Bronx. Solamente conocía mi barrio y las prisiones. Mis pensamientos eran bien limitados. En mucha maneras solamente era un criminal pequeño que no podía ver más allá de mi vecindario y eso incluía mi mente también. Falcon cambió todo eso. Creo que vio en mí un potencial no descubierto y no afectaba que era de decendencia cubana al igual que yo.

Primero que todo, él no era corrupto como la mayoría de las personas que conocía en la calle y en las prisiones. Nunca daba consejos criminales y no dejaba de motivarme para olvidarme de mi vieja vida.

"Cuando salgas, deja las calles Will," me decía. *"Olvida tu pasado y tus amistades de la calle. Tu vida no va a mejorar estando alrededor de ellos."*

No era solo lo que me decía, era lo que hacía. Como dije, él provenía de un lugar más alto. Siempre promovía paz y harmonía y él sabía que podía alcanzar eso alimentando a las personas, sacándolos de su estado desesperado. Si lo ves con los ojos abierto, el caos en la prisión, las calles, todo provenía de un lugar de desespero, de temor.

Falcon no se resistía en tirar su dinero para aliviar esa desesperación. Si las personas necesitaban ayuda, siempre lo hacía. Él hacía llamadas a su familia en el exterior para que les hicieran llegar dinero a las familias necesitadas. Realmente traía un sentido de prosperidad para la unidad entera. Y mejor aún, no jugaba a favoritos. No importaba si era un reo Latino, un miembro del Brotherhood, o cualquier otra persona, él se aseguraba de compartir su riqueza más allá de raza, cultura, y líneas éticas. Aunque no le pidieras ayuda, él se ofreció para ayudar, así como lo hizo con mi familia.

Cuando mi padre murió, mi hermana y su familia se fue a vivir con mi mamá tal y como se los mencioné en el capítulo anterior. Supe luego que la situación se tornó amarga ya que los hijos de mi hermana estaban más grandes y llegaban tarde, haciendo ruido y causándole molestias a mi mamá. Dijo que ya era hora de mudarse y de buscar su propio lugar. Pero, necesitaba fondos para poder lograrlo.

Le mencioné a Falcon que toda esa situación me tenía estresado y que no me gustaba ver a mi mamá tan afectada. Él me preguntó qué necesitaría mi mamá para salir de esa situación. Le expliqué que estaba corta por seis mil dólares.

"¿Cuándo es la próxima visita de tu mamá? Preguntó Falcon y cómo sabía lo que iba a acontecer, le dije: *"cuando tú quieras Willy."*

Falcon hizo los arreglos y cuando mi mamá se bajó de su vehículo en el estacionamiento de la prisión esa misma semana para visitarme, le entregaron un sobre el cual rápido puso en su cartera.

Más tarde me enteré de que no tan solo Falcon había cumplido con esos seis mil dólares, sino que en el sobre habían dos mil dólares adicionales. Con ese dinero mi mamá pudo mudarse a su propio apartamento. No podía agradecerle lo suficiente.

"Will," me dijo, "no te preocupes. Son centavos. Fue mi placer." Ese era el hombre que era desde el día uno. Pero no cometas el error de confundir su bondad con debilidad. Definitivamente no era una persona que se dejaba tomar por tonto. Cuando la situación lo demandaba, podía ser fuerte y feroz. Eso es lo que la vida pide, sin ser así estarías desbalanceado y las personas te utilizan.

Eventualmente, los dos cubanos, Willy y yo, establecimos una reputación. Dado a su inteligencia con la gente y su generosidad a Falcon le dieron el nombre El Gobernador y yo me convertí en El Alcalde. Éramos dos operadores trabajando desde la celda, como una oficina gubernamental. Nuestra reputación era tal que los reos confiaban en nosotros.

No tan solo ayudaba a los reos económicamente, pero también compuso equipos de beisbol para que tuviésemos una fuente para canalizar nuestras energías. Aunque esos juegos causaban ciertos roces, eran muy buenos para nuestra moral. Oye, si vas a enjaular a hombres llenos de testosterona en un espacio confinado, ¿no sería bueno encontrar la manera para canalizar toda su agresión y canalizarla en una dirección saludable? Eso no tan solo nos beneficiaría a nosotros los reos, pero los oficiales correccionales y el sistema como un entero. ¿Por qué no encontrar maneras para manejar conflictos y crear atmósferas donde no estemos tratando de hacernos daño entre nosotros? A veces se sentía que deseaban lo contrario y preferirían que nos estuviésemos matando.

Tal vez pensarás que eso está bien, que debemos pagar el precio por haber causado violencia en nuestras comunidades. Pero como he visto y experimentado, no puedes simplemente ponernos detrás de unas rejas e ignorarnos. Para todos menos los que estaban cumpliendo sentencias de por vida, hay una fecha para nuestra salida. Muchos de nosotros entraremos a la sociedad y necesitaríamos encontrar nuestro camino. ¿No desearías que tengamos algún tipo de esperanza y el mejor inicio posible? Si tu contestación es no y piensas que por nuestros crímenes y nuestro pasado debemos ser tratados como perros por el resto de nuestra existencia, entonces muchos de nosotros regresaríamos a nuestras comunidades y retomaríamos el mismo estilo de vida y al ciclo de violencia y la incarceración volvería a repetirse. Como mencioné en la introducción, esa es la realidad de tres de cada cuatro reos. No podemos reformarlos a todos, pero como yo lo veo es que la taza de reincidencia nos dice del gran fracaso que se vive en la sociedad y dentro del sistema correccional. Realmente creo que tenemos que hacer un mejor trabajo.

Al final Falcon estaba haciendo su parte al tratar de hacer las cosas un poco más manejable detrás de las rejas. Tuvimos una buena corrida como compañeros de celdas por casi cuatro años, pero si no te has dado cuenta, la prisión puede ser un lugar muy impredecible.

Si me hubiese hecho de la idea que llegaría a mi libertad con Falcon detrás del volante y yo a su lado como pasajero, estaba bien equivocado.

Lo que comenzó como una disputa entre dos gangas rivales terminó en una guerra. Willy y yo no estábamos directamente relacionado con el incidente, pero nos culparon por la guerra que se desató y nos enviaron directo al cajón. Como les dije, la prisión puede ser un lugar muy impredecible y la vida te puede cambiar en un abrir y cerrar de ojos.

Por aparentemente ser los creadores del conflicto tanto a Willy como a mí nos dieron dos años de solitario. A Falcon lo trasladaron a otra prisión y de esa manera, nuestro tiempo juntos se terminó. Fue la última vez que logré verlo.

Cumplí los dos años y me enviaron a Allenwood para servir los últimos tres años de mi sentencia. Fue ahí donde comenzó mi preparación real para mi salida. Para preparar mi cuerpo comencé a ejercitarme de manera más seria. Hice lo mismo para mi mente.

La única cosa que te ayudan a obtener en el sistema federal, si es que aun no lo tienes, es tu examen de cuarto año de la escuela superior. Así que comencé a tomar las clases y como ya sabía leer y escribir, saqué una de las puntuaciones más altas en los exámenes.

Mis dos décadas estaban llegando a un cierre y estaba a punto de ser enviado a un mundo que no conocía o reconocía. De alguna manera tenía que buscar la manera de sostenerme que no fuera bajo mi antigua manera de vivir. Esto sería un gran reto para mi ya que hasta este punto, todo lo que conocía era de las calles y las personas que trabajaban en ella. Todos los que conocía, sin excepción, estaban en prisión o realizando cosas que los llevaría directo allí. No tenía amistades en lugares altos, ni un camino directo a nada positivo.

Dentro de todo, estaba a punto de enfrentarme al mayor examen de mi vida.

CAPÍTULO ONCE

ME LIBERARON DE la custodia federal el 23 de agosto del 2011. Mi mamá y mi hermana me vinieron a recoger en Allenwood. De todos los lugares, mientras estaba en prisión, había estado soñando con ir al restaurante IHOP, y ese fue el primer lugar donde me llevaron una vez obtuve mi libertad. Hemos escuchado sobre la última cena de un prisionero en pena capital, pero nadie habla sobre la primera cena de quienes recuperan su libertad. Vamos a decir que una estiva de panqueques y una taza de buen café, era una de las cenas más gratificantes de mi vida.

Después de comer tomamos el viaje de tres horas devuelta a este del Bronx y fuimos directo al apartamento de mi mamá. Una vez nos establecimos, algo inexplicable ocurrió. El suelo comenzó a estremecerse. Al principio pensaba que mi primer día de libertad en veinte años me estaba causando mareos, pero después me di cuenta de que todos lo habían sentido. Un terremoto extraño se había sentido en Nueva York, y no cualquier sismo, este se registró en 5.3 en la Escala Richter. Mi única manera de verlo era pensar que había vuelto al mundo con un fuerte impacto.

Tenía hasta las seis de la tarde para reportarme a la casa donde me habían asignado, así que podía pasar la tarde con mi familia. Mi mamá se había relocalizado a otra parte del Bronx, lo cual era algo bueno, pero desafortunadamente, la casa asignada estaba en el antiguo barrio. Una vez estaba allí, el sonido de la libertad se fue desapareciendo rápido. Lo que me tenía que enfrentar ahora era abrumador. Ahora estaba aquí habiendo pasado la mayor parte de mi juventud y de mis años adultos, detrás de las rejas. Tenía mi GED, pero nada más, sin destrezas reales o experiencia laboral. Solo sabía que necesitaba encontrar una manera. ¿Qué otra opción tenía?

La verdadera batalla estaba comenzando ahora y estaba a punto de enfrentar mis mayores temores. Sin importar lo malo que pudo haber sido la prisión, sin importar lo que puedas hacer, siempre tenías un techo sobre tu cabeza y comida para comer. Afuera, ese no era el caso. Lo más seguro que tuve fueron los sesenta días en la casa asignada, después de la cual tenía que encontrar mi propio espacio.

Esto es exactamente el por qué mucho reos terminan nuevamente dentro del sistema. Caen nuevamente en hacer lo único que conocen, en viejas amistades, viejas costumbres y son tragados por la vieja vida. Me había prometido que ese no sería yo. Lo único que sí tenía a pesar de mis deficiencias, era enfoque y determinación y la voluntad de sobrepasar mi situación, por más difícil que sea.

Así que tenía mucho trabajo que realizar. Necesitaba un trabajo y le hice el acercamiento a un compañero que estuvo preso conmigo, Danny, que también había salido libre y le conté sobre mi situación. Me dijo que fuera a ver a su hermano Gary, en un lugar de construcción en la calle Oeste 36 en la cuidad. Cuando fui a verlo Gary me ofreció lo que podía, un trabajo a tiempo parcial cerca al sueldo mínimo. No era ideal, pero era algo. Así que comencé a tomar el tren a la cuidad hasta el punto del trabajo. Era trabajo de construcción, labor manual fuerte, moviendo tierra y rompiendo concreto. Era fuerte. Tenía que regresar nuevamente en el tren después de un turno completo de trabajo, mi pelo, ropa, hasta las arrugas de mi piel estaban llenas de tierra. Literalmente estaba reconstruyéndome del suelo a la edad de treinta y ocho. Había una canción urbana que hablaba de tener cuarenta años y estar quebrado y no me la podía sacar de la cabeza. No quería que ese fuera yo, no podía ser.

Como no había estado en las calles desde el 1992, me había perdido de un gran desarrollo: el uso diario de los teléfonos celulares. Era como haber salido de un capullo en prisión, como una cápsula de tiempo, ver a todo el mundo con los cuellos torcidos, sus ojos bloqueados en las pantallas, mientras otros se desconectaban del mundo real mientras escuchaban su música a través de sus auriculares. Realmente me impresionaba cuán desconectados estaban cuando trataban de llamar su atención y era completamente ignorado. A veces me sentía dentro de una película pero bajo el género de zombis.

Hay muchos días donde viajé hasta el lugar de trabajo para que cuando llegara me dijeran que ese día no había trabajo. Regresaba al día siguiente esperanzado por lo mejor, a veces trabajaba, otras veces no. Estaba generando dos o trecientos dólares a la semana. Dinero honesto, sí, pero nada con lo cual yo pudiese pagar mi propio apartamento, mucho menos sustentar mi vida.

Y el hecho de que la casa asignada estaba en medio del barrio tampoco ayudaba.

Si nunca has ido al sur del Bronx, no sabes lo ruidoso y caótico que es todos los días. Hay personas en todas las esquinas de la calle, incluyendo las prostitutas, los distribuidores, adictos y también los predicadores latinos que gritan a través de sus bocinas para que todos se salven y se arrepientan de sus pecados.

"¡Ven aquí y sálvate, sálvate!"

Y eso es durante el día. Cuando cae la noche la acción real comienza al congregarse más personas en las calles mientras que la sociedad productiva se retira a descansar. El sonido de las balas ya es tan normal como escuchar el canto de los pajarillos. ¡Qué lugar!

Estas son las circunstancias que dan a luz a la desesperación, una de las mayores emociones en la calle. Necesitaba tener algún tipo de ventaja en algo porque este trabajo a tiempo parcial ya no era suficiente. Fue ahí cuando me encontré con un viejo amigo del barrio.

Lenny conocía sobre mi reputación, el hecho de que estaba conectada con mucha gente, principalmente de mi pasado, quería que le facilitara un contacto para mover producto y me ofrecieron una suma de dinero por hacerlo. Por lo general, siempre fui la persona que hacía que las cosas ocurrieran.

Me dije a mí mismo que solo sería la persona en el centro y que únicamente conectaría a los dos jugadores y tomar mi porción y eso sería todo. Mi justificación era que necesitaba el dinero, punto. Una sola conexión podía generarme más que el sueldo de un mes entero en la construcción. Era un solo trato y me salía.

Conecté a Lenny. Mi distribuidor al cual llamaremos Abe, le adelantó producto a ser pagado con un porcentaje de las ganancias. El problema era el siguiente, Lenny dijo que lo asaltaron y le robaron y ahora Abe había perdido cinco mil dólares. En mi mente el peso estaba sobre mí porque yo fui quien los conectó. En realidad aunque Lenny prometió levantar el dinero, yo estaba atado a todo lo que ocurriera. Cuando se le debe dinero a alguien de la calle, se necesita ser pagado de vuelta. Esta sociedad no era normal. Ni policías ni abogados estarían envueltos para tratar de llegar a una solución. Se entiende que cuando llegue el momento, una bala tendría la última palabra.

Ahora era el tiempo para el arrepentimiento. ¿Qué había hecho? Estaba lleno de una sensación de completo disgusto. Había llegado hasta aquí, dos décadas de los años primarios de mi vida quemados en la prisión, todo ese tiempo, todo lo que había pasado y todo lo que tuvieron que pasar mis padres. Debía haber aprendido la lección a estas alturas, ¿acaso Willy Falcon no me había dicho que dejara las calles y que buscara para arriba y no abajo para que me olvidara del barrio?

Los pensamientos me carcomían por dentro, cortándome como una demoledora de carne. ¿Acaso estaba destinado para vivir y morir en las calles? No quería pensar que ese sería mi único legado y que mi mamá nunca podría ver el verdadero yo, la versión que estaba dentro de m i y que yo sabía que era capaz de ser mucho más que un exconvicto con una historia fea y triste. Me reuní con Abe para verificar mi suerte y ver qué podíamos trabajar.

"Tu chico Lenny me dejó en un roto," me dijo.

Le pedí disculpas y le dije que buscaría la manera de conseguirle su dinero.

"Ese puente se quemó," me dijo. *"Sabes que ya no puedo trabajar con tu chico ya."*

"Lo entiendo. Y no pretendo que lo hagas."

"Eso tampoco quita el hecho que estoy corto por cinco mil dólares."

"Déjame hablar con él, y trabajarlo. Te conseguiremos el dinero. Sabes que nunca te he fallado."

"Un error Will... puede traer mucho dolor."

"El dolor que das, es el dolor que recibirás."

"Me gusta eso," me dice Abe, con su rostro iluminado con una sonrisa. *"¿Quién lo*

dijo?"

"Yo las acabo de decir."

"¿Son tuyas esas palabras?"

Lo miré y asentí con la cabeza.

"Mano solo quiero terminar con todo esto. Cumplí mi tiempo. ¿Qué tengo que hacer para hacer esto bien?"

Su mirada se posó sobre mí. Se me quedó mirando por un largo rato incómodo.

Luego dijo algo que me tomó completamente por sorpresa.

"¿Sabes qué?... olvídalo."

"Tú y yo sabemos que nada es olvidado en el barrio."

"Te estoy diciendo que esta va por mi Will. No tiene nada que ver contigo."

En ese momento algo se rompió y otra encajó. Todo el disgusto me había alcanzado, los años viviendo bajo el mismo estilo de vida, pensar de la misma manera, realizando las mismas cosas, colocándome en las mismas situaciones las cuales perpetuaban los mismo ciclos una y otra vez.

Supe en ese momento que se me había dado una oportunidad, probablemente la última oportunidad que surgiría para abandonar la vida en la calle que me había mantenido sujetado desde que era niño. Fue una sensación de renacer, una verdadera segunda oportunidad y esta vez no lo iba a desperdiciar. Todo me llevó a ese instante, como en la película *The Matrix*, donde la acción se congela y la elección del héroe va a decidir su destino. Esta vez era yo quién estaba tomando la decisión correcta despidiéndome de mi antigua vida. En ese mismo instante me dijo que haría lo posible por salir del barrio.

Desde ese momento muchas cosas comenzaron a encajar. Comencé a llegar all lugar de trabajo de la construcción en la calle O.36 en la cuidad de Manhattan temprano en la mañana independientemente de si tenía trabajo o no. Quería demostrarles que estaba dispuesto a laboral. Y funcionó. Poco a poco me fueron asignando más horas. Con el ingreso adicional pude conseguir un apartamento de una habitación fuera del vecindario. Me enamoré y ahora tenía una novia. Gary, mi supervisor directo me motivó para que aprendiera más sobre el negocio. Estaba trabajando muchas horas, días largos, a veces hasta catorce horas, y luego me tomaba una hora adicional para regresar a mi apartamento en el tren. No era fácil, pero no me molestaba hacerlo. Estaba dispuesto en hacer cualquier cosa, levantarme a cualquier hora y trabajar toda la noche si significaba mejorar mi situación de vida.

También puse mis destrezas de buscármelas en la calle a funcionar pero en una dirección positiva. Mientras trabajaba me percaté que enviábamos a nuestra gente para comprar bebidas para los empleados durante el día. Estábamos pagando dos y tres dólares por bebidas energizantes. No estoy hablando que eran solo dos o tres personas, estamos hablando que éramos cuarenta o cincuenta hombres trabajadores que necesitábamos hidratarnos. Así que, pensé en comprar mi propia nevera y las bebidas, venderlas y ganarme la ganancia que se estaba perdiendo en la calle.

Mis esfuerzos pagaron. Los productos se vendieron rápido. No tan solo fui capaz de generar una ganancia por mí mismo, pero todos estaban felices: yo les vendía las bebidas mucho más económicas que en cualquier otro lugar, mis compañeros tomaban un descanso y a la compañía le gustaba los arreglos ya que no había necesidad de enviar empleados a comprar bebidas y se lograba mejor productividad. Como ellos decían, esto era una ganancia para todos.

No solo fue Gary quien se percató de mi dedicación al trabajo. También llamó la atención del dueño de la compañía Mike Falco, quién más tarde se convirtió en mi segundo mentor.

"¿Tienes algún tipo de educación? Me preguntó un día. *"Necesito a alguien que entienda los números y pueda hacer un trabajo de oficina."*

"Claro," le dije al jefe. *"Fui a la universidad."* De ahí, recibí una promoción con nuevas responsabilidades, lo cual significaba menos labor fuerte y más trabajo de oficina. Yo no tenía ningún problema con eso, como mencioné anteriormente, estaba dispuesto en hacer lo que fuera para salir adelante. Por primera vez me asignaron un sueldo fijo en lugar de un salario por hora, lo cual hacía mucha diferencia y me dio un inyección de confianza.

Hice un buen trabajo y Falco, el jefe, vino nuevamente a verme. Me habían trasladado del lugar de construcción a la planta de concreto en este punto.

"Necesitamos encontrar un despachador," me dijo. *"El tipo que tenemos se va."* Lo que él no sabía era que yo había estado observando al consolidador todo este tiempo para aprender su trabajo, tanto Gary como Falco me habían dicho que aprendiera lo más posible de la industria.

"Yo puedo despachar" le dije.

Falco no lo creía y no lo culpo. Él no sabía con quién realmente estaba trabajando en ese momento, pero yo tenía toda la intención de demostrárselo. Y eso era exactamente lo que él quería.

"Muéstrame," me dijo mientras se puso a mi lado mirando la planta de concreto en la torre.

Me fui al micrófono y comencé a dar órdenes y le indiqué al chofer que retrocediera hacia la mezcladora.

"Rota tu barril" le dije una vez estaba en posición.

Luego tomé la orden y la entré al sistema lo cual activó los materiales crudos para comenzar a crear el concreto: agua, piedra, arena y cemento, que pasarían por la mezcladora y dentro del barril. Todo se completó sin ningún problema. Falco estaba impresionado. Tomé otra orden y la trabajé de igual manera. La verdad era que trabajaba en la misma área que el despachador y aprendí todo lo que él hacía al observar todo lo que hacía en su computadora.

Me ofrecieron el trabajo. Le dije a Falco que no había necesidad de remplazar mi posición y que yo podía hacer el trabajo de dos hombres. Negociamos un trato con beneficios mutuos: yo recibiría una alza de salario mientras él se ahorraba dinero al no tener que pagar dos sueldos. Pero, aunque resolví un problema – el flujo de dinero- también creé otro. Mi semana laboral ahora era de sesenta y setenta horas, pero era un problema que no me molestaba tener. Ahora por primera vez podría ayudar a mi mamá económicamente y ser un hombre derecho rehaciendo mi vida. Esto me daba más sentido y propósito. Toda esa energía la usaba para el trabajo.

CAPÍTULO DOCE

CADA AÑO DESPUÉS que fui puesto en libertad a partir del 2011, comencé a ver mi vida mejorar. Estaba escalando en la compañía, haciendo dinero y hasta me encontraba en una relación con una gran mujer. Maria merece ser honrada por lo que hizo. Ella fue quien me ayudó a integrarme nuevamente a la sociedad, enseñándome sobre los teléfonos y el internet que salieron desde que salí de la prisión. Me había perdido de mucho de los avances en la tecnología.

También me ayudó a obtener mi licencia y mi primer auto. Duramos cuatro buenos años antes de que me presentaran al amor de mi vida, lo cual también me demostró una vez más que había una mano sobre mí guiando mi vida.

Si recuerdas durante los años tormentosos de mi juventud, tenía una novia a mi lado. Ella experimentó tanta de las cosas malas. Cuando me arrestaron a las 5:00 de la mañana en la casa de mis padres por no ir a la vista de fianza, ella estaba allí, dormida a mi lado en la cama. Ella se había quedado conmigo durante mucha de las cosas fuertes mientras entraba y salía de la prisión. Ella continuaba con las visitas en la prisión por años, hasta mi noveno año. No pretendía que esperara por mí mientras cumplía mi sentencia para el estado. No olvidemos tampoco lo joven que ambos éramos. Eventualmente perdimos contacto y ella continuó con su vida como era de esperarse.

No fue hasta el 2015 que decidí contactarla nuevamente enviándole un mensaje por las redes sociales. Fue una sorpresa muy agradable cuando recibí un mensaje de vuelta. Nos pusimos de acuerdo para encontrarnos y todos los sentimientos que sentía por Aracelis regresaron de vuelta. De hecho, creo que nunca dejaron de existir y parece que los sentimientos eran mutuos. Me enteré de que se había divorciado y como resultado de ese matrimonio, tenía una hija.

Dado a nuestro historial y el amor que se reinició entre nosotros, las cosas se estaban moviendo rápido. Ella me volvió a presentar a sus padres, ahora como un hombre cambiado y renovado trabajando para una constructora muy profesional. Tengo que admitir que fue con un poco de orgullo que comencé a mostrarle fotos de los diferentes edificios que estábamos levantando en la cuidad. Ellos fueron testigos de la vida que llevaba cuando era joven y se mantenían aconsejándome a mantenerme lejos de esa vida. Como Aracelis y yo estábamos juntos nuevamente, tuvo que haber sido un alivio para ellos ver el cambio que había logrado. Y fue con su bendición que tomé la decisión de mudarme junto con Aracelis.

Este era una parte de mi pasado con la cual estaba feliz de reencontrarme. No pasaría mucho tiempo cuando decidimos casarnos y continuamos así hasta este día. En adición al amor que se reanudó entre nosotros, recibí una bendición adicional; su hija Ocean se convirtió en mi hija. Esto me dio aún más propósito, una familia propia. Pedazo a pedazo, mi vida se estaba formando y los pedazos rotos se estaban tornando en algo que hacía sentido. Un Will nuevo se estaba dando a conocer. Ese personaje que pasó veinte años en prisión estaba tomando un nuevo rumbo. Tal vez me escuchaba igual y en la parte exterior podrías reconocer algunas facciones, pero aparte de eso, era un hombre completamente diferente. Incluso mi oficial de libertad condicionada se había percatado.

"Riega la voz," me dijo. *"Vas muy bien y la gente necesita escuchar tu historia. Les dará mucha inspiración."*

Mucho gente seguían con dudas en cuanto a mi cambio, especialmente aquellos cerca de mí, refiriéndome a mis hermanas. Lo supe por mi mamá. Desafortunadamente ellas estaban sembrando semillas y cosas negativas en la mente de mi mamá en cuanto a cómo las cosas se tornarían para mí. Ellas hablaban como si tuvieran una voz en mi destino.

¿Cómo reaccioné? Trabajando más fuerte. Cada día estaba más enfocado. Pero no puedo negar que las palabras de mis hermanas me dolieron.

Yo le prometí a mi mamá que yo reharía mi vida y llegaría a otras alturas. Estaba en una misión para que se sintiera orgullosa de mí. Mucha de mi motivación era precisamente mi mamá. Yo le había dado tanto dolor por tanto tiempo que solo deseaba lo contrario. Le quería mostrar lo que su hijo era capaz de hacer. Iba en búsqueda de redención y utilizaría todo a mi favor, incluyendo la duda de quienes me rodeaban para cumplir mi misión.

Como ahora estaba en una posición de ayudar a otros, eso era lo que sabía que quería hacer. Sabía de primera mano que para los ex confinados era fuerte reincorporarse en la sociedad cuando salen de la prisión. Hasta lo básico era un reto. Un par de cientos de dólares hacen una diferencia cuando necesitas comprar cosas básicas como zapatos y ropa. Así que cuando me iba enterando que par de mis viejos amigos estaban fuera de la prisión, decidía ayudarlos a comprar las cosas esenciales y a ofrecerles trabajo en la compañía sin mezclarme en la vieja vida. Ayudé a unos cuantos. Algunos funcionaron, otros no. Ya sabes lo que dicen de llevar a un caballo a tomar agua. Lo mejor que puedes hacer es darle una oportunidad a alguien, el resto lo tienen que hacer ellos.

En el 2016, por la insistencia del dueño Mike Falco, fui capaz de obtener mi licencia profesional lo que cambió drásticamente mi ingreso y mis responsabilidades profesionales. Recordaba las palabras de mi compañero de celda Willy Falcon, se trataba de mirar hacia arriba y no abajo. Él me decía que tenía que conectar con la gente correcta y ellos me ayudarían a alcanzar nuevas alturas. Yo seguí su consejo y me expuse a precisamente eso.

Me encontraba actualmente ayudando a estos hombres dirigir una empresa exitosa. Esta parte de la película incluía unas cuantas metáforas. El trabajo de nuestra compañía, en el cual yo jugaba un rol vital, era construir rascacielos. Me moví desde lo más profundo y bajo como las celdas ocultas en la prisión, piso a piso, y he ido escalando. En lugar de ser una víctima de mis circunstancias, la vida me estaba llevando a mejores lugares. Y todo gracias a la decisión de darme una oportunidad.

Una vez obtuve mi licencia, lo cual requería que estuviera trabajando mínimo por cinco años en la industria, las cosas comenzaron a correr. Como mencioné, me movía a una escala salarial diferente. Eso me dio otras opciones y necesitaba solucionar mi situación de vivienda.

La casa donde vivía junto con Aracelis era bonita, pero era en el barrio. El problema era que mucha gente sabía dónde conseguirme y no necesariamente eran personas con las que me quería asociar.

Una noche tocaron la puerta. Cuando la abrí, Billy atravesó la puerta, un personaje del pasado. Tal vez él no se había percatado, pero el Will que estaba parado frente a él era completamente diferente al que él conocía. La cuestión era que él parecía estar igual. Cuando una persona deja de desarrollarse, asumen que tú estás igual que ellos. Y si esa asunción no fuese lo suficientemente errada, estas dos personas que estaban de frente el uno con el otro, y que estuvieron conectados en un pasado, ya no podrían unirse para recrear lo que un día fue, porque ya nada de aquello existía.

La llegada de Billy me hizo sentir incómodo. Para empezar eran las nueve de la noche, hora de comenzar a retirarse a descansar para poder estar preparado para el trabajo al día siguiente. De eso se trataba el futuro, prepararte hoy para la demanda que exigirá tu mañana.

Pude notar que a Billy le pasaba algo, por lo que me quedé con él un rato y le di un poco de dinero para que pudiese resolverse. No me gustaba la idea de que cualquiera podía llegar de manera inesperada a visitarnos, especialmente a esas horas y más aún una persona que estuvo envuelto en el ambiente de la calle y al parecer, aún continuaba. Desde ese día tomamos la decisión de vender la casa de Aracelis y mudarnos del Bronx por completo.

Comenzamos con los planes para la mudanza de inmediato. Lo primero que hicimos fue contratar un grupo de trabajadores para arreglar la estructura. En menos de un mes ya teníamos la casa disponible para la compra en el mercado. La tarea más grande era buscar un lugar donde mudarnos. Sabíamos que no deseábamos quedarnos en los cinco municipios, así que nos enfocamos en buscar lugares que estuvieran a una distancia justa de la cuidad.

Estábamos en búsqueda de la casa correcta, en el vecindario correcto, pero igual de importante, tenía que estar cerca de la escuela de nuestra hija. Después de haber visto unas cuantas propiedades, encontramos una que cumplía con todo en Rockland County.

Cuando me habían liberado en el 2011, estaba viviendo en una casa asignada con apenas cien dólares en mi bolsillo. Mi mamá siempre me decía que tenía que buscar la manera de pararme sobre mis propios pies y que no podía confiar en nadie más que en mí mismo. Ni en mis hermanas.

"Ellas ni siquiera quieren prestarte sus sillones ya." Parecería un loco cuando le decía a mi mamá con mucha valentía, "espera un día para que veas que voy a tener cinco muebles y cuando los tenga, le vas a decir a cada una que venga a quedarse conmigo."

A veces tienes que hablar las palabras para que otra persona las pueda escuchar sin importar cuán locas se escuchen. No importa si nadie más las cree, solamente las tienes que creer tu. Pero con creer no es suficiente. Cualquier loco se puede imaginar las cosas y gritarlas. Una vez tú tienes una visión tienes que salir y conseguirla.

Entrar en esa propiedad en Rockland County, viendo el diseño, el patio de atrás, la piscina o alberca, supimos que era la indicada. Pero no fue hasta que nos vimos sentados en la oficina de los abogados con un préstamo aprobado en mi nombre, que todo se sentía seguro. Estaría mudándome a la casa de mis sueños. Justo como se lo había dicho a mi mamá unos ocho años antes. No fueron solo palabras. Realmente lo logré. Era irreal y a la vez satisfactorio.

Con esta movida podíamos cambiar a nuestra hija Ocean de la escuela pública de la cuidad a una escuela privada. Esto era un cambio de tener un salón con treinta estudiantes para cada maestra a tener una para cada seis o siete estudiantes. Cuando vimos lo rápido que progresó en este nuevo entorno, nos dimos cuenta de la bendición que fue habernos mudado con nuestra familia. Ocean pasó de ser una joven introvertida que luchaba con la escritura y lectura, a una persona llena de confianza dentro y fuera del salón.

Mientras tanto en el 2018, descubrimos que mi mamá tenía cáncer en el páncreas. Viviría por dos años más, lo suficiente para lograr ver todo lo que había hecho. La promesa que le hice la cumplí. La casa fue como una estampa en el tiempo y la evidencia tangible de lo lejos que había llegado.

En tan solo ocho años había obtenido mi libertad y pasé de ser un exconvicto con un GED que vivía en una casa asignada, a tener la casa de mis sueños, trabajando en una industria que se dedicaba a levantar cosas en lugar de destruirlas.

Recuerda que había comenzado en la calle con tan solo doce años que usaba ladrillos para romper las ventanas de los autos y luego los quemaba. Destruimos autos y negocios y hasta vidas, incluyendo las nuestras. Cuando escogí otro camino, el tiempo se contrajo y pude alcanzar el sueño que una vez veía en el horizonte tan brillante como el sol. Al menos fui capaz de darle eso a mi familia, a mí mismo y a mi madre, antes de que tomara su último aliento.

Ahora ella podía morir sabiendo que estaría bien. Podía descansar tal y como yo deseaba, como una madre orgullosa de un hijo redimido.

CAPÍTULO TRECE

LA META DE compartirles mi historia es para que te pudieras ver reflejado en mí. Con todo en mi contra, mi propia historia, los obstáculos y dudas, me saqué yo mismo del infierno. Decir que nadie me dio nada sería una mentira. Me dieron una oportunidad y la tomé. De hecho, me dieron muchas oportunidades, especialmente en el principio por muchas personas incluyendo la ley, Aracelis y mis padres. Sobrevivía a más peleas de las que recuerdo, múltiples puñaladas y hasta un disparo en la espalda. Me tomó muchos años y después de muchas lecciones para entender que en algún punto, tenía que tomar ventaja de una de esas oportunidades y aprovecharla. Si no haces eso, no tienes ninguna esperanza. Por eso es que muchas persona caen en viejas costumbres y regresan a su vieja vida. Le puede pasar a cualquiera, no solo a exconvictos como yo. No tienes que estar dentro de una celda de concreto bajo el ojo de un oficial correccional para crear tu propio infierno.

No hay duda de que la vida es un juego complicado. Estoy seguro de que no necesitas que te diga eso. Pero lo menos que nosotros podemos hacer es abrazar las palabras que me dije a mi mismo durante los tiempos más fuertes: Daté una oportunidad, un chance. Y sigue dándote ese chance.

Dicho esto, quiero compartirles otro dicho que fue creado por mí: La bendición corre cuesta abajo.

Lo que me refiero con esto es que una vez eres bendecido, te toca a ti compartir esas bendiciones, para que otros sean bendecidos. De eso se trata la vida. Si vives tu vida de esta manera, podrás usar tu dolor para que sea mucho más que una cicatriz. Tal vez puedas saltar sobre ellas, trascender, y alcanzar unas alturas en las cuales otras personas te vean como un buen ejemplo y puedas a su vez ayudarlos a ellos transformar sus vidas.

Primero te levantas tú, luego ayudas a levantar a aquellos más cercanos a ti, y luego puedes continuar tocando vidas. De esta manera tus bendiciones corren cuesta abajo, creas momento y desarrollas todo y a todos los que están tratando de levantarse a un lugar más alto.

Estuve encerrado por casi toda mi juventud y los mejores años de mi temprana adultez por crímenes que había cometido antes de cumplir mis veintiún años de edad. Esto no es una excusa, más bien es un hecho. Era un niño. Me había salido del carril correcto y tuve que pagar el precio más alto que se puede pagar, con excepción de perder la vida.

Es cierto que mis padres y el sistema me habían dado muchas oportunidades para reformarme. Estaba siendo empujado por una manía interna que tardó dos décadas para sacarla de mi sistema. Aun me duele saber que alguien perdió la vida por causa de mis acciones, y peor aun siendo un amigo. Como resultado recibí una sentencia que demanda la sociedad y cumplí mi tiempo. Desafortunadamente no puedo resucitar a los muertos. No puedo darle vuelta atrás al reloj y deshacer lo que mis manos han hecho. Todo lo que puedo hacer ahora es pedirle perdón a mi Creador y hacer lo posible por lavar mis pecados aunque sea imposible. A la vez, hay muchas otras cosas que sí hice correctamente, a pesar de mi pasado y son precisamente esas cosas que espero te puedas llevar en tu trayecto de vida.

Ante todo, la vida no te hace promesas. Como has leído, la mía ha sido un camino de sangre, sudor y lágrimas. Nadie te debe nada. Todo te lo tienes que ganar. La realidad es que tu única garantía es levantarte y trabajar duro para ganarte las cosas.

Le di todo a las calles, y luego, cuando me liberaron, le di esa misma energía a mi vida, a mi propia expansión y a mi familia. Eso incluye a mis padres que ya pasaron de esta vida.

Como mencioné en el principio, tres de cada cuatro reos terminan nuevamente dentro del sistema. Esa es una estadística horrible pero no tiene que ser así. Yo estoy aquí para hacer brillar una luz sobre esa realidad y más bien para cambiarla. Como se ha dicho y se seguirá diciendo, para lograr un cambio, un cambio grande, primero tienes que estar dispuesto. Se que hay personas que no van a cambiar, y estoy bien con eso. Tal vez tampoco quieren que tu cambies. He perdido amistades por eso.

Pero sabía que para poder avanzar tenía que cambiar. No necesariamente quién era, sino más bien mis caminos. Necesitaba encontrar un mejor sistema que me cambiara la vida, porque mis viejas costumbres estaban rotas. Si no deseas unirte al viaje, ese es tu problema. Por lo menos sé hacia dónde me dirijo y sé que hay otros como yo.

Las personas que siente que pueden mejorar, que siempre se han sentido como yo que conocía el potencial y un llamado mayor, les puedo asegurar que lo pueden alcanzar. Mereces hacerlo por ti mismo. Ese es el primer paso. Como un jugador en la cuidad de Las Vegas con una buena jugada de cartas, tienes que jugártelas todas. Tienes que apostar a tu favor. Esto es lo que aprendí de pensar en todas las ocasiones que hice mal y que me hicieron mal, que si aun así tu apuestas todo a tu favor, no bajo una vida criminal, sino en mejorar tu vida de la manera correcta, nunca pierdes. ¡Es así! Cuando finalmente apuestas a tu favor, tendrás un inventario de por vida lleno de oportunidades. Si una cosa no funciona, otra eventualmente funcionará, siempre y cuando sigas invirtiendo en ti mismo. Ese es el secreto. Dentro de cada uno de nosotros hay infinidad de bien. Se llama energía, vida, espíritu, o como desees llamarle. Y con eso, puedes hacer que cualquier cosa suceda.

Sé real. Mantente fuerte.

Y sobre todo, date la oportunidad.

EPÍLOGO

ESTA ES LA verdad que he aprendido a través de los años. No importa lo que otro haya logrado en su vida, no pueden decirte exactamente qué necesitas hacer para mejorar tu situación, asumiendo que eso es lo que quieres. Realmente creo que lo mejor que pueden hacer es compartirte su historia, y permitir que te lleves de ella lo mejor que entiendes. Claro, hay unos principios básicos que pueden alumbrar el camino, pero más allá de eso, te toca a ti. No hay un solo esquema ya que todos somos diferentes. No tan solo es nuestra situación individual única, sino también nuestras metas, aspiraciones y talentos. Lo que eso significa es que tu camino es inevitablemente diferente al mío. Eso es una bendición y un reto.

El reto es que si eres como yo y viviste la mayor parte de tu existencia en la prisión, no puedes hacerte de ilusiones que una vez salgas y regreses a la sociedad, puedes volver exactamente al mismo punto del cual saliste. Eso significa que probablemente necesites cambiar en algunas formas, lo cual puede ser muy difícil, y la transición a la vida afuera lo más seguro será lenta, llena de obstáculos y tentaciones. Existirán momentos en los cuales sentirás todo en tu contra pero debes resistir el deseo de rendirte o jugar a la víctima.

Si hay una cosa que puede pasarte es que con la oportunidad llega la responsabilidad. Como leíste me dieron esas oportunidades, pero no fue hasta que respondí con todo lo que tenía que mi vida comenzó a mejorar. Ese es el significado de la responsabilidad, la habilidad de responder. Solo así pude recibir la ventaja y pude salir del modo de sobrevivencia. Ese es realmente el primer paso, y no lo puedes saltar. En otras palabras, sino hubiese estado dispuesto en trabajar horas largas y darlo todo cuando salí, no estaría donde estoy hoy. Si hubiese dado paso a mis mayores debilidades, sería otra estadística.

La bendición es que trayectoria no será de nadie más, sino tuya, llena de sorpresas inesperadas y regalos. Nunca me hubiese imaginado que llegar al sitio de construcción y trabajar con concreto, iba a lograr captar la atención de aquellos que eventualmente fueron los que me levantaron. Con cada paso se me fue dada mayor responsabilidad. La tomé y la aproveché. Es como la parábola del sembrado. Una vez las semillas son esparcidas se toman tiempo en echar raíces. Lo único que hice fue mantenerme en ruta y seguir regando agua, aun cuando las cosas no se veían bien. La gente correcta entró a mi vida. Me reconcilié con mi vieja novia que luego se convirtió en mi esposa. Pero nada de esto ocurrió hasta que estaba girando en la esquina, convirtiéndome en un hombre nuevo. No sabía que la vida me traería un hija también. Verdaderamente ha sido una bendición tras otra y esa ha sido la belleza de la vida. A pesar de la dificultad, cuando comienzas a hacer las movidas correctas, bendiciones inesperadas y oportunidades llegan y te siguen. Es lo que hace que la vida valga la pena vivirla.

Así que no esperes que las cosas salgan como me salieron a mí. Eso sería irreal. Tu historia es tuya, no mía. Te conté la mía para que te des la oportunidad de escribir la tuya, y espero que la hagas en algo épico.

Nunca olvides que para hacer algo épico y ser el héroe de tu historia, tienes que darte a ti mismo una oportunidad. Así que has eso, date una oportunidad. Tal vez te sorprenderás de sobremanera al ver lo que eres capaz de lograr. Yo lo he sido.

NOTAS

www.ingramcontent.com/pod-product-compliance
Lightning Source LLC
Chambersburg PA
CBHW071437130726

47997CB00006B/2129